奇跡《きせき》強運《きょううん》
幸《しあわ》せのヒント

馬 英華
東京エレベーター株式会社 代表取締役
中国弁護士

文芸社

奇跡 強運 幸せのヒント　目次

第1章 「奇跡」を起こすヒント

第2章 「強運」を手に入れるヒント

第3章　「幸せ」を実現するヒント

第1章　「奇跡」を起こすヒント

1　自分の直感に従おう

私に起こった、ちょっとした奇跡

あなたは自分自身が、「奇跡を起こせる」と思うでしょうか？

「まさかそんな、奇跡なんて起こるわけがない！」

「仮に起きたとしても、それは自分がまったく関与できない偶然によって起こるのではないか……」

多くの人はそう思っているでしょう。

でも、じつは「小さな奇跡」は、誰にでも毎日のように起こっているのです。

ただそれを、皆さんが「奇跡」と思っていないだけ。

小さな奇跡をコツコツと積み上げていけば、自分でも想像しなかった素晴らしいことが起こることもあるのです。

ただ、みんな「小さな奇跡」を「奇跡」と受けとめることができないから、大きな奇跡的な出来事にたどりつくことができません。

だから、本当は「奇跡を起こすこと」なんて、とても簡単なこと！

まずは皆さんに、そのことをわかってほしいと思います。


そこでまず、私に起こった、ちょっとした奇跡を紹介しましょう。

それは中国生まれの私が機会を得て、京都の名刹である「大徳寺」の塔頭、聚光《じゅこう》院の和尚さん、小野澤虎洞《おのざわこどう》さんと親しくなり、聚光院にて、伝統ある裏千家による、千利休の法要に参加する機会を得た話です。

きっかけは、株式会社イオス　コーポレーションの石川雄志社長のお招きを得て、15周年パーティーに出席したときのことでした。

株式会社イオス コーポレーションは、世界中の人々から愛され続ける健康茶「ジェイソン・ウィンターズ・ティー」を取り扱う会社です。私はこのお茶を飲み出してからご縁のある人と強くつながるようになりました。まさにミラクルティーです。

私は交流の場でいろんな方にご挨拶するのが得意ですが、やたらに挨拶するほうでもないです。直感で興味のある人をいつも選んでいるかもしれません。

会場を全部見まわしていたら、隅っこのほうで静かに座っている男性がいます。

それが私と同じように特別ゲストで招待されていた、小野澤和尚だったのです。

私はなぜか、「その人と名刺交換をしたほうがいい」と直感的に思いました。

そこで名刺を差し出し、お話をしました。

すると相手は京都のお寺の住職さんだとのこと。京都のお寺や、そこで行なわれる茶道の会など、中国人の私には、チンプンカンプンなことばかりです。

でも、住職さんの話は面白く、非常に興味がわいてきました。

「今度、特別な法要があるから、ぜひ京都に来てください！」

そう言われ、私は素直に「行きます」と答えました。

社交辞令だなんて思いません。日本のお寺や神社の世界をよく知りたいし、禅の勉強もしたいとずっと思っていました。

願ってもない機会だと思い、私は迷わず京都に出かけ、法要に参加することにしたのです。

直感は、幸運を導いてくれた

京都の法要では、裏千家のお茶会でお茶を点《た》てていただき、精進料理などもいただくことができました。

聚光院は表千家、裏千家、武者小路千家の菩提寺で、国の重要文化財になっている場所で、本当に素晴らしい寺院です。お茶の文化は「和敬清寂」を重んじ、毎月28日の法事は千利休の月命日の供養を行ないます。日本文化の神髄に触れ、非常に貴重な体験をさせていただいたのです。

直感で「この人に話しかけるべきだ」と閃いたことが、こんな素晴らしい機会につながった。まさしくそれは素晴らしい奇跡ですよね。

けれども、話はそれだけではありません。

夕方に私は住職さんとお酒を飲む機会があり、こんなふうに言われたのです。

「馬さん、これからの予定について、二つの選択肢があります。一つはこれから私が京都の名所を案内すること。本を書く人だし、行けば刺激になると思います。もう一つは、これからお寺の聚光院に戻り、私の弟子たちと飲み直すこと。今日はたまたま、お寺のほうに弟子たちが集まっています。どちらか、馬さんが選んでください」

京都の名所はとても魅力があるけれど、お弟子さんたちが何を考えているかにも興味があります。「今日でないと、その話は聞けないなあ」と思い、私はまた直感で判断しました。

「後者にします！」

「本当にそれでいいの？」

住職さんは少し驚いた様子でしたが、嬉しそうにお寺へ連れていってくれました。

お弟子さんというのは、ふだんから菩提寺にいるわけでなく、全国で寺を持っているお坊さんたちでした。その日は楽しい夜になり、それ以来私は聚光院の小野澤住職さんとは親しい友人になり、大徳寺は京都大好きな私にはかけがえのない場所になりました。

自ら動き出せば、奇跡は誰にでも引き起こせます

こうした「奇跡」は、さまざまな形で人に起こります。

その結果、ある人は仕事で大成功したり、ある人は生涯の伴侶に出会ったりするのです。

しかし奇跡が起こる人もいれば、まったく起こらずに、「自分はツイていないなあ」なんて思っている人もいます。これらはすべて、偶然がもたらすものなのでしょうか？

そうではないと思うのです。

ならば、どうすれば人は奇跡を起こせるのか？

そのヒントは聚光院に行った次の日、住職さんとあらためてお会いしたときに、教えていただきました。

あとでも紹介しますが、私は中国の田舎で育った子どものころから、たくさんの辛い経験をしてきました。そのことについて、住職さんは私に、こんな質問をしてくださいました。

「馬さん、普通あなたみたいな逆境を経験すると、それで心が折れてしまう人も多いと思うんです。でも、あなたは何があっても前を向き、日本でここまで成功してこられた。それでいて、人をいつも笑顔で幸せにしてくれる。その秘訣は何だと思います？」

私が咄嗟に思ったのは、「いや、そんな大したものじゃないですよ」ということです。

「ただ、困ったときは、誰かが必ず助けてくれましたから。本当に皆さんのお陰なんです」

それを聞いて住職さんは、「そうか、わかりました！」と納得されました。

「あなたは自力本願でやってきた人だ。だから奇跡を起こせるんですね」と。

いったい、どういうことなのでしょうか?

「自力本願」は精いっぱい頑張って努力してから他人の力を得られることです。

「自力本願」というのは、まずは自分の力で、物事を解決しようとすることです。

私はずっとそうしてきました。

だって中国の田舎にいたときも、日本でいきなり会社を任されるようになったときも、頼れる存在なんていなかったのです。子どものときは親に頼れなかったし、任されたエレベーターの会社の売り上げを上げようと思っても、方法がわかる人なんていませんでした。

だから不器用でも、方法がわからなくても、自分で「なんとかしよう」と、もがくしかなかったのです。

そして、もがいていれば、どこからか誰かがアドバイスしてくれたり、チャンスが舞い込んできたりすることがあります。
それを私たちは「奇跡」と呼んでいるだけなのです。
ということは、**誰でも自ら動き出せば、奇跡は必ず起こせます。**
私はそれを、読者のあなたに体感していただきたいのです。

2　奇跡への一番の近道、それは「笑顔」になること

どんなときも、私が笑顔でいられる理由

では奇跡を呼び込むために、いったいどんなことをすればいいのか？

難しいことを考える必要はないし、たいへんな努力を強いられるような心づもりをする必要もありません。

誰にでも簡単にできて、なおかつ「奇跡」に近づく確実な方法があります。

それは、「笑顔になること」です。

難しくないですよね？

笑顔の効果を確認したのは、前に久しぶりに故郷の大連に帰ったときでした。私は母から意外な言葉を聞き、びっくりしたのです。

「あなたは何があっても、いつも笑顔だったよね」

通常の親子だったら、この会話に、それほどの違和感はないのかもしれません。ただ、私の場合は少し事情が違っていました。

私が生まれたころの中国は、完全な男尊女卑の社会。田舎で女の子として生まれてしまうと、ほとんど近くの農村に嫁ぐ人生しか想像できない時代でした。

そんな中で女子として生まれてしまった私は、母から「なんで女の子が生まれちゃったんだろう」とか、「お前の人生になんて希望はないんだからね」とか、あまりにもひどいことを言われながら育ってきたのです。

そのたびに私は泣き、「いつか自分の運命を変えてやる」と思い続けました。

そんな母が、私の〝笑顔〟を、ずっと記憶していた……。
でも、ふと思います。
あれっ、私そんなに、笑っていたかな……？

「さっきまでは家で泣いていたのに、誰かに会うといつも笑顔でいた。『この子は頭がおかしいんじゃないか』と昔は思っていたけど、いまのあなたの成功を見て、人間は笑顔じゃないといけないんだって、この歳になって思うようになったよ」
これが母の言葉の続きでした。

現在でも、私は会社やセミナーで、笑顔のことをよく人に言われます。
「馬さんの笑顔を見るだけで幸せになります。それだけでなんか、勇気が出てきます」

そういえば前項の住職さんも、私の笑顔について言っていました。

「あなたは何があっても前を向き、日本でここまで成功してこられた。それでいて、人をいつも笑顔で幸せにしてくれる。その秘訣は何だと思います？」

そう、**「笑顔」にこそ、奇跡を起こす一番のヒントがあるのです。**

どうしてですか？

まず笑顔には、人を引きつける強力なパワーがありますよね。

そして奇跡というのは、あなたの周りに引き寄せられた「人」から確実に起こってくるのです。

だから**「笑顔」は、奇跡を呼び込む原動力になります。**

奇跡が起こらないのは、あなたがそれを受け入れていないから

あなたが困ったときや、心が折れそうなとき。あるいは、自分の人生を変えたいと願うとき。問題を解決するような奇跡が起こり得るかといえば、それは必ず起こるのです。

だって、これだけ世の中には大勢の人がいて、情報だって溢れるようにあるのです。みんなの力を借りれば、問題を解決する方法なんて、簡単に見つかります。

この地球の豊かな自然に、人類が創造してきた文化や芸術、あるいは科学技術から生まれたもの。傷ついた心を癒やしてくれるものだって、どこかには確実にあるでしょう。

それでも問題が解決されないのは、奇跡が起こらないからではありません。

自分のほうが、奇跡を受け入れないからです。

たとえば、ずっと渋い顔で下を向いているような人がいたら、あなただって話しかけようとは思わないですよね。

つまり、多くの人は自分のほうから「奇跡」を拒否してしまっているのです。

一方で、喜びが多い人や楽しいことが多い人も世の中に大勢います。

そういう人は、いつも笑っているでしょう？

笑っていれば、その人の周りには、「自分も楽しくなりたい」と願う人が集まってきます。

集まった人たちから、逆に「嬉しいこと」や「楽しいこと」をたくさん示唆されるから、笑顔でいる人は、必然的にいつも奇跡的なことに恵まれるようになるのです。

ならば、笑顔になりましょう……。

そう言われても、簡単ではありませんよね。

実際、私にだって、イライラするときや嫌な気持ちになることはあります。

会社の経営もしていますから、ストレスだっていっぱいあることは確かです。

それでも笑顔になれるのは、それをずっと習慣づけてきたからでしょう。

ではどうすれば、笑顔を習慣づけることができるのでしょうか？

今日一日があることに喜びを感じよう

いつも笑顔でいるのは、難しいことでしょうか？

たとえば、「今日は、いいことがあるかな？」と思って、朝起きて会社へ出勤する。そのときは笑顔満面かもしれません。

ところが会社に行くと、いきなり上司に面倒な仕事を押し付けられた。

「なんだか最近、うまくいかないことばかり。私って運がないなあ～」

家に帰るころには、すっかり気持ちは萎えてしまっている。そんな調子では、笑顔でいることなんてできないと思うかもしれません。

でも、それは前提が違っているのです。

小さいころから罵倒され、見下され、否定され続けてきた私は、いつもビクビクしながら生きてきました。

冗談でなく、毎日、「今日は生きていられるだろうか」「無事に一日が終わるだろうか」と不安ばかりの毎日だったのです。だから朝目が覚めて、「自分が生きている」とわかると、とても嬉しい気持ちになりました。

生きていれば、この環境から抜け出すための努力ができる。どこかに必ず自分の価値を認めてくれる世界があるはずだと思って、当時の中国にあって、唯一、チャンスを手に入れる手段だった「勉強」を続けました。

誰にだって、今日一日を無事に生きられる保証なんてない。とくに結婚したあと、夫を数年で亡くした私は、その不安定さを切実に知っています。だから「朝起きて生きている」ということ自体が、奇跡に近い喜びなのです。生きていれば、私たちは食べ物を「美味しい！」と感じることもできるし、雨が上がったあとの虹に感動することもできます。

毎日のように世界中で何万人もが亡くなっている現実からすれば、そうした喜びを得られること自体が、実際には奇跡に近い出来事なのです。けれどもいつの間にか、私たちはそれを「当たり前」と感じ、「奇跡」ととらえることを忘れてしまっています。

もちろん、「生きていることに喜びを感じなさい」と言われても、すぐに「はい、そうします」と簡単にはできないかもしれません。

けれどもまずは、朝起きたら「自分は生きているなあ」と思いっきり喜んでみてほしいのです。奇跡はそこから始まっていきます。

笑顔のヨガを試してみよう

とくに中国に、人前でニコニコしなさいという教えはありません。だから皆が笑顔というわけではないのですが、それでも日本に初めて来たときは驚きました。

なぜか、みんなが真剣そうな顔をして、早歩きしている……。

その様子はまるで、人間ではなく、機械が行進しているようにも見えました。

ちょうどバブル経済のころですから、あまりにも忙しいビジネスパーソンが多かったのかもしれません。

ただ、外国から来た私にはものすごく怖く思えました。いまでも東京駅を通るのは苦手です。

こうした経験から、日本人の多くは笑顔でいることに慣れていないのではないかと感じます。けれども、ちょっとした心の切り替えができれば、誰にでも笑顔をつくれる体質にしてしまうことはできると思うのです。

たとえば私の勉強会では、みんなで「笑いヨガ」というワークショップをしています。勉強会は私の主宰している『新生アジア』で、いつも赤坂にある「たまサロン」で行なわれます。

新生アジアの目的は三つあります。

一つ目は国の壁がない、人種の壁がない、男女の壁がない。

二つ目は女性の自立を応援する。

三つ目はボランティア活動です。

「たまサロン」のオーナーの方は藤井惇子さんです。彼女はいつもニコニコしていて、私はそんな藤井さんが大好きです。藤井さんのお祖父さまは私の故郷の大連で大成功した方で、日本に戻られてからは東京日本橋蛎殻町《かきがらちょう》に住んでいました。そこは私の会社がある町です。藤井さんとの出会いはまさに奇跡的な出会いだと思っています。

「笑いヨガ」は簡単なもので、まず「自分が褒めてほしいこと」を一つあげます。それを皆の前で発表し、聞いた人は周りを囲んで、思う存分にそれについて褒めてあげるというものです。

あるとき一人の男性が、「いままでの人生で、一度も『笑顔が素敵』と言われたことがないから、それについて褒めてほしい」とワークの場で言いました。

だからみんなで褒めたのです。

「〇〇さん、あなたの笑顔、ステキねえ〜！」と。

とたんに彼の表情は変わります。いままでとは見違えるくらい、ステキな笑顔になりました。

不思議なことに、この男性はそのあと皆でご飯を食べに行ったときも、次の勉強会で集まったときも、ずっと「ステキな笑顔」のままだったのです。

もちろん、笑顔についてみんなから褒めてもらおうと自分が思っても、日常生活の中でそのシチュエーションをつくるのは難しいでしょう。

でも、もし今日一日を笑顔でいられたら？

ひょっとしたら、あなたの会社で隣に座っている人が、「○○さん、今日はなんだかいいよね」なんて褒めてくれるかもしれません。上司が、あるいはパートナーが、「今日は機嫌いいみたいだね」とか、「いいことがあったの？」とか、「なんか今日は素敵だな」などと言ってくれるかもしれません。

少なからずそのとき、誰でもが「嬉しい！」と思うはずなのです。それは確実に、いままでにはなかった変化！

だからとにかく無理にでもいいから、笑顔をつくってみましょう。

誰かに「変わったね」と言われたときから、つくり笑いでなく、笑顔はあなたの習慣になっていきます。

3　宇宙の中にいる自分を見る

地上を俯瞰する習慣をつくろう

私は子どものころから、自分自身を高いところから俯瞰するクセをもっていました。

8歳の子が、「女の子には意味がない」とか「あなたはずっと田舎暮らしだよ」と言われている。でも、それは中国の田舎の、車もタクシーもないような村の話なのです。

私は夕食の片付け後に、よく屋根に上って星空に話しかけたり、相談したりしていました。寝静まった母屋を見て、自分は田舎からもっと大きい世界へ行こうと誓いました。きっと自分の能力を高く評価してくれるし、自分を生かせる環境がどこかにあるに違いない。そうすれば、自分を助けてくれる人もいるだろうし、自分はきっと誰かのお役に立てるでしょう。

8歳のころの私は、そんなふうに自分を見ていました。だから田舎の村で何を言われても、広い世界で絶対にうまくいくと信じ切ることができたのです。

ずっと会社を経営していれば、いまでも面白くないことはあります。

それでも視点を広げ、過去のことまでを思い出してみれば、保守的なエレベーターの業界にあって「外国人の女に何がわかるんだ」などと言われ続けた昔より、はるかによくなっていることは事実です。

そう考えれば、「いまは幸せな悩みを抱えているんだなあ」と、イライラしていたことが面白いことにさえ思えてしまいますね。

こんなふうに時間や空間を超越して自分を俯瞰するクセをつけるには、何より実際に高いところに行き、世の中を見下ろすことを習慣にしてみてはいかがでしょうか？

もちろん高いところが苦手な人は、無理をすることはありません。でも、私は現在でも高いところに行くのが大好きで、ときどき建物の屋上などに上ることがあります。

高いビルの上からだと、人間どころか、車だって小さく見えますよね。それを「あんな大きな車なのに、こんなに小さく見えるんだ」と考えれば、自分だけがこの世の中で特別に小さな存在なのではないことに気づくでしょう。

別の屋上に行けば公園があり、池があり、そんな環境の中でそれぞれの人が日常を過ごしています。

自分もその中の一人として、他人に引け目なんて感じず、自分のやりたいことをしていけばいい！

そう自分に言い聞かせて、自らの存在自体に自信をつけていくのです。

自分を愛してあげる

人間というのは、本質的には自分が一番可愛い動物なのだと思います。

でもそれは正しくて、自分が可愛くないと、人を愛することはできません。

自分のことを尊重できるからこそ、奇跡的な〝いいこと〟は「自分のため」に起こり得るのです。

ただ世の中に完璧なものは何もなく、いくら自分を可愛いと思っても、この欠点だらけの世界では、周りに適応しなければ生きていけません。

それでも、やっぱり自分が一番可愛いものだから、どこかで「周りが自分に合わせるべきだ」という考えをもっています。それが私たちを辛くさせ、笑顔を失わせるのです。

だからときどき、宇宙の上から自分を見て、空気を吸って、お水を飲んで、食べ物を食べていられる奇跡を実感してみる。

ああ、私は宇宙全体から見れば、かなり幸せなんだろうな……と。

そのことにすぐ喜ぶことはできないかもしれません。

でも、そんな自分を客観的に見つめ直せば、「最悪だ」とか「なんで私にばっかり悪いことが起きるの」などといった、極端な自己否定は修正できるはずです。

私の息子は小学生のわりにはクールで、ときどき私がネガティブな気持ちに引きずられているのを修正してくれます。

たとえば、会社のことで悩んでいるとき、私は小学生の息子に平気で打ち明けるのです。

「新しい社員がたくさん入って育てるのがたいへん」「幹部の社員を育てるの

に、ママ、エネルギーを使っちゃった」

彼は冷静に答えます。

「まあ、いいじゃない。ママは経営者の道を選んでいるんだから。会社はみんな、そういうものでしょ」

そこでハッと気づくのです。

「ああ、確かにそうだね」、「わかった。リンゴでも食べようか」なんて。

それでリンゴを食べると美味しくて、辛い気持ちなんて、どこかに消えてしまっています。

「美味しいね。あなた、いいことを言ってくれた。よし、もう寝よう」

それで翌日は、何もなかったように笑顔で出勤する。そんなに難しいことではありませんよ。

4　そのタイミングを逃さない!!

思いついたときが決断のとき

奇跡というのは、誰にでも起こること。でも、起こるときの「タイミング」というものもあります。

たとえば、私の勉強会に来たことをきっかけにして、諦めていた夢に「もう一度、トライしてみよう」と決心した女性がいました。

彼女はパン職人だったのですが、あまりにもパンづくりが忙しかったので、しばらく仕事をお休みしてしまっていたのです。

でも、勉強会で「人を喜ばせることができて嬉しかったこと」を皆が話しているのを聞き、パンをお客さんに食べてもらうことの楽しさを思い出しました。彼女はその後、自分の店をオープンさせています。

私の例を紹介すると、本書執筆の半年ほど前ですが、父を亡くしたときのエピソードがあります。

子どものころ、父はほとんど家には帰ってきませんでした。しかし私が日本で社長になってからは、よく電話でサポートをしてくれていたのです。

「あなたならできる」と、よく励ましてもくれました。

もう85歳になっていたのですが、亡くなる1週間くらい前に中国で会ったときは、元気そのもの。それだけに突然の死で、ショックは非常に大きかったのです。

「すぐ中国に戻らないと。チケットはとれるかな？　明日から会社はどうしよう？」

「お父さんがいなくなって、私はこれから大丈夫なんだろうか？」

私はすっかりパニックになっていました。

そんなときに友人から、スマートフォンにメールが届いたのです。その内容を見ると、このときの私の状況とは、まったく相反するようなものです。

「馬さん、3年前に語っていた夢は、あれからどうなりましたか？」

3年前の夢というのは、「ドバイに行きたい」というものです。その方は中近東で働いていて、機会があったなら案内すると前から言ってくれていました。

しかし、機会をつくれず、私はすっかり忘れてしまっていたのですが、ちょうど自分もドバイに行く機会があるので、「ぜひ遊びに来ませんか？」というものでした。よりによって父の訃報の日に、そんな誘いのメールが届いたのです。

普通なら「こんなときに海外旅行に行くわけないでしょう」と、即座にお断りするのかもしれません。

でも私は、躊躇なくこう答えていたのです。

「行きます！」

断るよりも、私には「生きているうちに夢を叶えなきゃ」という思いが強くわき上がりました。

父が亡くなった日にドバイへ誘われたことは、必ずつながりがあるように思ったのです。

ドバイで知った「心の平和」を得る方法

「行きたい」と言いながら、私がドバイに行かなかったのは、じつは偏見もあったからでした。イスラム教のことをよく知らず、怖いイメージを勝手にもっていたのです。

それでも決めたからには、もはや揺るぎません。父の葬儀を終えてから、小学生の息子と二人でツアーに参加する形で、友人に案内してもらうことになりました。

ドバイでは素晴らしいホテルに泊まりましたが、驚いたのは朝の3時ごろに、いきなり礼拝が始まることです。早朝というのに、その祈りの唱和が町中に響いていました。

最初は驚いたのですが、聞いていると、だんだんと礼拝の音が心を癒やしてくれるのを感じます。

そして窓を開けると、うっすらと夜明けの光が徐々に増していくのも感じられ、いつしかその光の中で、私は冥想をするようになりました。

イスラムの礼拝は、1日5回。初回は日の出前で、私たちがいたときは3時半で、毎回15分くらい行なわれます。

ツアーガイドの女性の話によると、イスラムではがんにかかる人が少ないそうです。

彼女いわく、その理由は「礼拝をしているから」ということです。

というのも、がんにかかる要因として最も大きいのは、やはり〝ストレス〟でしょう。

日常で嫌なことがあり、ストレスを感じるのは、どこの国でも同じこと。でも、イスラム圏の人々は、1日に5回も礼拝によって心を落ち着かせるのです。嫌な記憶はその都度、浄化されていってしまいますね。

ちょうど父を亡くし、精神的な支えを一つ失ったときでした。私はイスラム教の文化に興味をもち、このドバイにいる間に、いろんな習慣を知ろうと思いました。

それが日本に帰ったあと、生活の中で心の平和と健康を手に入れるために必要だと思ったのです。

イスラムの日常には学ぶべきことがいっぱい！

偏見をもっていたイスラム教ですが、その習慣を知ると、見習うべきことは多くあります。

早起きというのも、その一つでしょう。

私は中国の漢方のことは調べていますから、その教えにも、人は夜の9時ごろから体を休めるモードに入り、午前の5時くらいに活動を始めるとあります。だから効率的に活動をするなら、夜はできるだけ9時くらいの早い時間に寝て、朝は早朝の5時に起きたほうがいいのです。

それなのに、日本で日常を過ごしていると、どうしてもついつい夜更かしをする習慣になってしまいます。それでは内臓などが休息することもできず、心にもストレスが溜まってしまいます。

もう一つ、ドバイのホテルに泊まっていて勉強したのは、食事のメニューです。

さすが三ツ星ホテルですから、朝ご飯はすごく豪華。メニューも豊富なのですが、お肉を使った料理はほとんどありません。チーズや卵はあるのですが、主役はほとんど新鮮な野菜。5日間で体がすごく軽くなり、ものすごくリフレッシュできました。

もちろん外国人向けに、ディナーなどには肉料理もきちんとでます。けれども知ってのとおり、イスラムの人々は豚肉を食べません。肉は羊のほか、ホテルではラクダの肉も出ていました。

いずれにしろ、偏見をもっていた文化圏にもかかわらず、固定観念を捨てて現地に行ってみれば、多くの新しいことを学べました。いったいなぜ、こんな特別な経験をすることになったのかといえば、やはり「父の命日に連絡があったこと」なのです。

そのタイミングでなかったら、「えっ、ドバイ？　面白そうだけど、なんか怖いですよねぇ」、「仕事もそんなに休めないし、また次の機会にしましょう」なんて、その日のうちに断ってしまっていたかもしれません。

素直に心の声に従おう

父が亡くなったとき、中近東にいる友人が、たまたま私を思い出してくれた。後の章でも述べますが、人生で起こるこうした連鎖には必ず意味があるのだと思っています。

「これは私に行動をうながしているんだな」と感じたら、やはり迷わずに、そのタイミングで、心にひっかかっていたことを実行したほうがいいのです。

それは、「動かなきゃだめだよ」という、自分の心の中からのメッセージかもしれません。


かつて私が高校3年生のときのことです。進学試験の前に先生が、「外国語の大学へ行きたい人はいるか？」とクラスで確認したとき、私は迷いなく手を挙げました。

すると当時の親友が、私に聞きに来たのです。

「外国語の大学に行きたいの？　どうして？」

80年代の閉鎖的だった中国です。外国語を学ぶ人間はまだ少数派で、厳しい審査もあります。だから彼女は、「なんでそんな面倒なところを選ぶの？」という疑問を感じたのでしょう。

でも、私は自分の考えを言いました。

「これからは外国語ができれば、大学に行って先生になるよりずっといいよ」

そう聞いた彼女は、どうしたか？

「私も」と、即座に手を挙げたのです。

彼女は私のように、一生懸命に考えて結論を出したわけではありません。ただ、直感的に「彼女の考えに従うべきだな」と確信しただけ。

しかし、**奇跡をつかむのは、こんなふうに直感に従える人なのです。**

5 「目に見えない力」を信じよう

会社を飛躍させた「奇跡のファックス」

必要なときにタイミングよく、人には奇跡のようなことが起こります。

人によってはそれを神様の力のようにとらえるでしょうし、スピリチュアルな人は「宇宙の力」のように定義するのかもしれません。

いずれにも共通するのは、それは私たちに必ずプラスの作用をもたらすこと。

だから「そういう力はある」と、信じてしまったほうがずっとトクです。

たとえば私が早稲田大学に在籍しながら、いまのエレベーターの会社を始めたときです。当時の私は、営業のことなどまったくわかってはいませんでした。けれども私たちの会社はメーカー独占を突破し、エレベーターの保守に関しては、どこのメーカーよりも安くすることを可能にしていました。そのことを異業種交流会で知り合った社長さんなどにお話しすると、必ず「見積もりをください」と言って契約もしてくださるのです。

これは皆さんがそれまで、安くできることをただ知らなかっただけ。

「もっと多くの方に情報を伝えたい、なぜかというとビルのオーナーやビル管理会社はエレベーター点検のコストを削減したいに違いないからです」と、ずっと考えていました。日本で新しい文化を作れば良いと思うようになりました。

それでもいまのようにＳＮＳがない時代。方法は思いつかず、ただ「マスコミにでも取り上げられたらいいのになあ」と願う程度だったのです。

そんなある日、8月の暑い日に重いカバンをもって営業で歩き回り、疲れ果てて会社に帰ってきたときでした。一枚のファックスが机のそばにあるファクシミリ機から飛ばされて、たまたま私の前にフワッと落ちてきました。

何気なく手に取ると、そこにはこんなことが書いてありました。

「あなたがもっているニュースはありませんか？　私たちがお手伝いします。広報の勉強会があります」

これだ⁉

しかし、当時にしてみれば参加費が高額な講習会です。その当時の私は創業したばかりでお給料はもらってなかったので、私にとってかなりの金額でした。でも、いま思えば、たまたま一枚のファックスが私のところにやってきたのも、何か見えない力がはたらいているのではないかと思っています。

「これこそ私たちのことを世の中に広めるチャンスじゃないの？」

それで迷わずに勉強会に参加することにしました。

結果、プレスリリースを新聞社に送ることを勉強し、零細企業の私の会社は日経新聞で取り上げてもらえたのです。これがきっかけで、私たちの会社「東京エレベーター」は一気に飛躍することになりました。エレベーター業界の独占的なビジネススタイルを切り替えて、規制緩和につながったのです。

世界の賢者たちも「目に見えない力」を認めていた

中国の田舎で生まれた私は、昔から「見えない力」には抵抗感がありません。

子どものとき道を歩いていたら、いきなり大きいキツネに出会ったことがあります。そのキツネはなんと、私にお辞儀をして消えたのです。

その15分後、村の占い師さんのところに行くと、「キツネの神様が現れたでしょ!」と言われました。

「えっ、どうして知っているの?」

本当に驚いたのですが、「キツネの神様はあなたに挨拶してよくここまで来たねと伝えに来たのだよ」と言われ、子ども心に納得し、安心した記憶があります。

そんなことを言うと、眉唾のように感じる方もいるかもしれませんね。

でも、歴史的に言えば、世の中には影響力のある聖人が何人か存在したと言われます。たとえば、ブッダ、孔子と老子、ソクラテスに加え、キリストです。

そのうち日本にも大きな影響を与えたのは、儒教の創始者である孔子でしょう。ビジネスパーソンにも人気のある、リーダーシップ哲学を説いた人物です。

その孔子が最後にたどり着いた思想は、やはり「易経」という「見えない力」を認めた占いの世界だったのです。「人は生まれたタイミングで、その運命が決まっている」と孔子は考えていました。

老子の教えはそれに輪をかけて、人間のエネルギーを説きます。結局は「見えない力」を頼って生きる教えを説いているわけです。

なのに、どうして私たち一般人が「奇跡なんて起こるわけがない」と最初から一笑に付してしてしまうのでしょう。

自分のルーツを探ってみよう

スピリチュアルな「見えない力」を認められなくても、「ご先祖さまの力」であれば、日本人にはかなり馴染みがあるかもしれません。

その力は私も大きいと思っていて、そもそも先祖の力がなければ、私はいま、こうして日本で仕事をしていることなどなかったと思います。

80年代の中国、日本との間には、民間レベルではまだほとんど交流がありません。そんな中で、田舎育ちの女の子が「外国語を学びたい」と言い、それも「日本語がいい」と志願したのです。ロシア語や英語ならともかく、そんな子はほとんどいません。

考えてみれば不思議とは思いませんか？

じつは私が小さいころ、お父さんは「起きろ〜！」なんて、日本語で私を起こしていました。戦時中、大連は日本軍が占領していましたが、父は日本人の学校で教育を受けていたのです。

もちろん占領下のことですから、日本人を憎んでいる人もいます。ただ父の場合は、「厳しかったけれど、ものすごく勉強になった」ということで、日本に対しては非常に好意をもっていたのです。


さらに私のひい祖父さんは、商人として成功して、長崎に豚や大豆などの農産物を運んでいました。あるとき、船で運んでいた豚が海の中に飛び込んだそうで、「その豚はどこまで泳げたんだろうな？」というのは、いまでも馬家の笑い話になっています。

この、ひい祖父さんというのは魅力ある人で、日本で購入した蓄音機をもって中国の村々を回り、コンサートを開いてもいたそうです。私はこの先代のDNAを強く受け継いでいるのではないかと、個人的には思っています。

「見えない力」などというスピリチュアルなものを認めなくても、私たちは誰しも、精いっぱいに現世で生きた先祖たちの意志を引き継いで、いまの時代に存在しているのです。

だとすれば、オギャーと生まれたときから、すでに蓄積された強力なパワーをちゃんと持っているということ。これは奇跡以外のなにものでもありません。

自分に自信がなくなったら、自分自身のルーツをさぐってみるのもいいと思います。お墓参りなどに行ってみるのもいいでしょう。

あなたがもっている力は、あなたが考えているよりずっと大きいのです。

私に起こった「天界の奇跡」

「目に見えない力」について、読者の皆さんには、それを強く信じる方も入れば、まったく受け入れない方もいるでしょう。

けれども信じていれば、本当に奇跡のようなことが起こることもあります。「自分には無理だ」と思っていたことでも、目に見えない力による奇跡で可能になると思えば、それだけで人生は期待に満ちたものになるではありませんか。

もう15年以上も前の話になりますが、私が人生ではじめての本『最新中国ビジネス　果実と毒』を出版する前年のことです。その年は1月から体がだるく、とうとう3月くらいになったら脱力症状が表れ、歩くこともできなくなってしまいました。それから3回も、救急車で運ばれることになります。

ところが病院に着くと、点滴をしたあと、先生からはいつも「馬さん、終わったら帰っていいですよ。あなたはすべて正常です。病気ではありません」と言われてしまうのです。

自分の体に、いったい何が起こってしまったのか？

確かなことはわかりません。ただ、私はそのとき、非常に不思議な体験をしました。

最初に病院に運ばれたとき、なぜだか新鮮な花の香りが嗅ぎたくなり、小さい花を買ってきてもらいました。

そして花を見ながら、なぜか私は「本を書きたい」と言い出したのです。「書いたらものすごく人の役に立つよ。ものすごく影響があるよ」と。

さらに3回目に病院へ運ばれたとき、点滴をしていたら、私の目の前に光の繭のようなものが見えました。

「何だろう?」

そう思っていると、繭の中から出てきた光の糸のようなものが、私の中に入ってきます。するといきなり私の声が男の声になり、急に「本を書くんだよ」と言いだしたのです。

不思議ですよね。


1週間後に私が会社に復帰できたときです。まだ体調は完璧でなかったのですが、社会人学校で講師をする予定が入っており、人も集まるから無理を承知で講義しました。

それは中国のビジネスについての話。そのときは私が本を書きたいという夢をみんなの前で言いました。それから1か月後になんと「本を書きませんか?」というメールをいただいたのです。

なんとその方は有名な出版エージェントで、すぐに出版社の編集者さんにも企画を通してしまいました。

「馬さん、もう本の出版は決めてしまいましたから。書いてもらわないと困りますよ」

なんて言われました。

「頑張って書きます～」と、私は嬉しい悲鳴をあげていました。


ちなみにこの本、『最新中国ビジネス　果実と毒』は、ちょうど日本の企業が中国に進出しようとしていた時期ですからタイミングが抜群でした。

当時脚光を浴びていた中国ビジネスの紹介です。どのようにして中国で成功できるか、どのようなリスクがあるのかを書いたので、弁護士としての私は認められて、経済産業省やジェトロ（日本貿易振興機構）など、さまざまな機関にアドバイザーとして呼ばれ、各都道府県でのセミナーにも講師としてたくさん招かれるようになりました。

経済産業省のグローバルビジネスアドバイザーとして長年務めさせていただきました。講演活動が非常に多かったです。

結果、エレベーターの仕事を続けながら、中国と取引する企業のコンサルティングや弁護士の仕事は、ものすごく繁盛することになります。その好調ぶりはすごいもので、いまの本社ビルはそのときに購入したものです。

すると、「私の体に起こった出来事は、いったい何だったのだろう?」ということになりますよね。

ある占い師さんに聞くと、あなたは「仏道に入っていたんですよ」と言います。

そういえばこのとき、私は天女のような服を着て、天界のようなところにいる夢を見ました。そこにはピンクの花が咲き、大理石の宮殿のようなものがありました。

このときの服はベトナムの民族衣裳のようにも見えるし、韓国の衣裳のようにも見えました。その服をいま、私は一生懸命に探しているところです。

そうすると「本を書きなさい」というのは、天の世界からのメッセージだったのでしょうか？

「見えない力」はこうした現象も引き起こすのです。だから奇跡は必ず起こるものだと、私は確信しています。

第2章　「強運」を手に入れるヒント

1 情報に対して敏感になろう

「強運をもっている人」と「そうでない人」の違い

前章では、「誰にでも奇跡は起こせます」ということを述べました。同じように、「強運」だって、本当は誰にでもつかめるものです。すると「強運をもっているか」「そうでないか」というのも、考え方一つなのだということがわかります。

生きていること自体に「運がいいなあ」と思える人は、自分は「運がいい」と確信し、毎日を楽しく生きていくことができるでしょう。

逆に目の前の小さな奇跡に気づけず、願っている理想が実現しない毎日に不満ばかりを抱いている人は、「どうして自分には運がないんだろう」と嘆く毎日を繰り返すわけです。

そうはいっても、誰でも「願いが実現しない」よりは、願いが実現したほうがいいですよね。

「ただ、生きていること」自体が嬉しいのではなく、目に見えて「嬉しいこと」がたくさん起こったほうがいいに決まっています。

会社を発展させたり、京都の有名なお寺の住職さんと知り合ったり、本を書く機会を得たりと、やっぱり私が感じる幸運だって、何か目に見える結果を手にしたときなのです。

そういう結果を手にしたいのは、誰だって同じでしょう。

でも、そのためのヒントだって、ちゃんとあるのです。

方法としては、まずは「自分が奇跡を起こせること」を知ったうえで、周囲から聞こえるメッセージに耳を傾けることです。

奇跡のようなメッセージは、じつのところ毎日のように、私たちには届けられています。

どこから?

だっていまの世の中は、情報過多なくらいに、いろんなメッセージが入ってきますよね。

新聞やテレビはもちろん、インターネットやSNS。町に溢れている広告だってあるし、もちろん身近な人たちから直接もたらされる情報だってあります。

その多くは残念ながら、どうでもいい情報ばかりです。

でも中には、あなたが願っている「いいこと」に結びつくような、貴重なメッセージが含まれています。

それを感じられないのは、私たちがそれを受け入れていないから。

世に言う**「強運をもっている人」というのは、たくさんの情報の中から自分にとっての「いいこと」に役立つものを敏感に察知し、人が羨むような奇跡を次々と実現させている人です。**

そうなるには、何より自分自身の「情報への感度」を上げていくしかありません。

願っていれば、必ず「叶える情報」はキャッチできる

「情報への感度」を上げるために、まず重要なのは「自分が欲しい情報は何なのか」をハッキリさせることです。

たとえば自動車を購入しようと思っているとき、町を歩いていると、不思議に自分が欲しいと思っている車種ばかりが目に入るものです。たとえば「ベン

ツが欲しいなあ」と思っている人は、いやに町中にベンツばかり走っているように感じたり……。

別にこれは、ベンツが大量増産されたわけではないでしょう。ただ、「買いたい」という気持ちが情報への感度を上げ、道を走っているベンツにすぐ気がつくようになっただけです。

もしまったくベンツに興味のない人だったら、同じ状況でも「道路に車が走っている」という程度にしか認識しません。

同じように、「痩せたいな」と本気で思っている人は、ダイエットの情報を人一倍に察知します。「英語を学びたいな」と思っている人は、人一倍に英語教材の広告や、英語学校のお知らせなどに対して敏感になるでしょう。

結果、いいダイエット情報や英語の勉強法にも到達しやすいので、目標の実現もしやすくなるのです。

これは「人間の脳の力」と解釈することもできますし、「〝目に見えない力〟

は必要な人に必要なメッセージを送っているのだ」と考えることもできるでしょう。

いずれにしろ**「運のいい人」は、自分の思いをはっきり認識して、事前に準備ができているから、ちゃんとそういうメッセージを受け取ることができるのです。**

じつは私は、情報をいち早くキャッチして、運をつかんだ経験があります。それは社員の採用に頭を悩ませていたときのこと。頭の中は「人材は増やしたいけれど、まだまだ小さい会社だから、そこまで人件費を出せないしなあ」という気持ちでいっぱいです。そのときは社長として、毎日のように採用のことばかり考えていました。

そんなある日、私は突然、メッセージをキャッチできたのです。

その情報は、朝のテレビのニュースからでした。真剣に見ていたわけではなく、仕事へ行く前のたまたまだったのですが、そのときの国の施策で「中小企業をサポートするような国の施策が発表された」という情報が耳に入ってきました。

「うちの会社にとって、メリットのある施策が何かあるのかしら？」

会社に行く道すがらも、そのことばかり気になって仕方がありません。

「何といっても、悩みは採用のこと。それに関して、何か国がサポートしてくれることはないのかな……？」

それで会社に着いたあと、確認をしてみることにしました。

といっても、いったいどこへ連絡したらいいのかもよくわかりません。取りあえず「採用のことだから」ということで、区のハローワークに電話してみることにします。

「朝のニュースで見て……。あの、中小企業なんですけど、国から採用に関してサポートを受けられる制度はあるのですか？」

するとと意外に、何かありそうな回答が返ってきました。

「こちらに来ていただかないと説明できないですね」

早速、出向きました。するとハローワークから国の別機関を紹介してもらうことになり、今度はそちらに行くことになりました。

なんともたらい回しのような感じですが、その機関に相談したところ、ビックリするくらいの助成金をもらえることになったのです。

「こんな制度があったんだ⁉」

結局そのお金を活用し、私たちの会社は思い切った採用を行ない、人材を多く入れることができました。

3人から同じ情報を聞いたなら、決断のサイン！

私が助成金にたどり着くことができたのは、このとき「もっと採用ができたらなあ」ということをずっと考え続けていたからでしょう。

私たちが日々見たり聞いたりすることは、私たちが選ぶべき行動や決断に深く関わっています。

言い方を変えると、「その情報を受け取った」ということは、必ず自分にとって何らかの意味があるのです。すべてのメッセージは偶然にもたらされているわけではありません。

たとえば、いま読んでいる本から少し目を離し、周りをちょっと見渡してみてください。

あなたが自分の部屋にいるのであれば、周りには部屋のインテリアがあったり、パソコンがあったり、家電品があったりするでしょう。あるいは電車の中で本を読んでいるなら、周りには大勢の乗客の方々がいるかもしれません。

それら、いま目に入ってきた情報は、あなたの周りに確実に存在していたにもかかわらず、あなたが受け取ってはいなかった情報なのです。それほど私たちは、ふだんから自分にとって意味のある情報だけを選択しているわけですね。


にもかかわらず、ほとんどの人は、せっかく頭の中に入ってきている情報をほとんど生かしていません。

よく、「1か月のうちに周りで3人の人が同じことを言ったのであれば、その意味をよく吟味しなさい」と言います。

たとえば3人から「元気がないね」と言われたら、病院に行って、チェックを受けたほうがいいということ。逆に「輝いているね」とか「顔色がいいね」と3人が言ったなら、自分は調子がいいということで、行動を加速させればいいということです。

そんなふうに言われるのも、私たちは何度も入ってくる情報に対してさえ、それだけ鈍感になってしまっているからです。ふと耳にした程度の情報であれば、ほとんどのものはスルーしてしまいます。

そうならないために、私たちは自分が見たり聞いたりしたことの意味を、もっとよく考えてみるべきです。

そこで大切なのは、「謙虚さや素直さをもって情報を受けとめる」ということではないかと思います。

2　聞こえてくる声に、素直に耳を傾けよう

あなたの固定観念が「大切なメッセージ」をはねつけている

「謙虚さや素直さをもって情報を受けとめる」のは、意外と簡単なことではありません。

なぜなら私たちには、「こうに決まっている」とか、「こうでなければいけない」という固定観念があるから。

本当はものすごく重要な「強運」につながるメッセージなのに、私たちはつ

いつい自分と違う世界の人からの助言だったりすると、「自分とは関係ないから」とか「そんなの役に立たないから」と、内容をよく吟味することもなく記憶の片隅に追いやってしまいます。

たとえば、小さな子どもからアドバイスを受けたとして、あなたはそれを真面目に聞きますか?

しかも一見すると、それが自分の仕事や、あるいは抱えている問題とまったく関係のないことのように思えたら……。

誰だって、適当に聞き流してしまいそうですよね。

私が長男から教えられたことを、お話ししましょう。

小学生の彼は、父親がスウェーデン人で母親が中国人ですが、日本の学校に通っていて、私より日本の歴史に詳しかったりします。それで、あるとき私が会社から帰宅すると、こんなことを言い出しました。

「ママ、徳川家康って、知っている？」

日本史に疎い私でも、さすがに家康くらいは知っています。郵便物を見ながら、「知ってるよ」と答えました。

すると言ったのです。

「僕は徳川家康を、愛しているんだ」

それ、「尊敬している」ならわかるけど、「愛している」っておかしいんじゃない？

私は彼に理由を聞きました。すると面白いことを答えたのです。

なぜ徳川家康が「愛すべき人物」なのか？

小学生の息子が「徳川家康を愛している」理由とは、どんなものだったのでしょう。

彼の話はこうです。

「ママ、こういうふうに考えてごらん。家康は江戸城をつくったでしょ？　それで東京もつくったよね」

江戸の町が東京になったのですから、それはそうです。「わかるよ」と、私は答えます。

「東京という素晴らしい町がなかったら、ママはここに住むと思う？　ここで仕事をしていたと思う？」

私は「ないね……」と答えます。

「じゃあ、東京という町がなかったら、パパはここに来たと思う？」

「それもない……」

「じゃあ東京という町がなかったら、僕は生まれていなかったじゃない。ということは、徳川家康は、僕を生まれさせた人でしょ。だから愛しているんだ」

なるほど、確かにそういうふうに考えれば、いま私が東京で暮らし、東京で仕事をしているのは、徳川家康のお陰なのです。地方の方はそうでないかもしれませんが、たいへんな恩恵を受けていることは事実でしょう。

でも、当然ながら大人である私たちは、そんなふうに家康に対して感謝することなんてありません。単に「歴史上の人物」という認識しかもっていないわけです。

でも、それで本当に正しいのか？　もっと過去の人物をリスペクトするべきではないのか？

とくに日本史を勉強したことのない私は、「それだけじゃないのではないか？」と思ったのです。

で、彼の歴史話はまだまだ続きました。

「ママは、あのときの三英傑（三大武将）を知ってる？」

「織田信長と豊臣秀吉と家康でしょ」

「信長たちがどのようにして天下を取ったか知っている?」

そこで詳しく日本の歴史を語り出しました。ふだんなら「疲れてるから〜」なんてほどほどに切り上げてしまうのですが、息子の発想がとても面白く感じられたので、私は彼の話を真剣に聞くようにしました。

「ママは中国生まれだから、細かい歴史はわかってなかった。ありがとう。すごいねえ!」

息子に感謝して、終えた一日。

ところが次の日になると、まるで奇跡のようなことが起こったのです。

いったいどんなことが起こったのか?

それはまさしく仕事の話で、翌日に私は有名な社長さんに紹介されることになりました。その社長さんは経営者として仕事に成功しているだけでなく、なんと徳川家康の研究家としても知られている方だったのです。

当然、会話には家康の話が出てきます。以前の私だったら、日本史のエピソードなどちんぷんかんぷんだったでしょう。

でも、その日は前日に、息子から教えてもらったばかりなのです。社長さんの話が理解できただけでなく、質問などもちゃんとすることができました。

「馬さん、中国の方なのに、よく知っていますね。携帯番号を教えてください、また、ぜひお会いしましょう！」

それから社長さんと、いい友人関係を結ぶことになったのです。

関係のない情報が「強運」につながる瞬間

徳川家康の研究家でもある社長さんと楽しく会話することができた夜、私は家に帰ると息子に言いました。

「あなたはひょっとして予言者じゃない？」

彼の言葉はこうです。

「予言者って何？」

家康については詳しいのに、「予言者」という言葉の意味は知らなかった⁉

そこで説明すると、彼はこう言います。

「僕は予言者じゃなく、たまたま心に浮かんだことを、ママに知ってほしかったから伝えただけだよ」

偶然にも息子の話と、翌日出会った社長さんがつながった。まさしくこれは、強運以外のなにものでもありませんね。


けれども意外と日常で、私たちはこうした運につながる情報には接しているのです。

「神様は、まったく関係のない人の口を通じて、その人に必要なことを教える」とよく言われます。

たとえば、あなたは本書を、どのようなきっかけで手にしたのでしょうか？

本屋さんで「奇跡」とか「強運」とタイトルのついた本を目にして、〃なんとなく〃本を手に取った。

でも、ひょっとしたら、たまたまあなたにとって必要なメッセージを私が示唆していて、神様がそれをタイミングよく、あなたに伝えようとしてくれたのではないか？

そんなふうに考えることだってできると思うのです。


現に4冊目の本『逃げ切る力 逆境を生かす考え方』（二〇一七年）を書いたとき、「馬社長のストーリーに刺激を受け、勇気と前向きのパワーをいただきました」と、わざわざ会社を訪ねてくださった方がいました。

彼は7年間銀行員として勤めてきたのですが、一方で筋トレなどを趣味にしていてボディービルのコンテストにも出場しています。

そして本のメッセージに刺激され、「自分も長年の夢を叶えてみよう」と、安定した銀行の仕事を辞め、独立してフィットネスジムの経営を始めたそうなのです。

同じ話にふれても、そんなふうに動き出す人もいれば、次の日には忘れてしまう人もいる。どんなメッセージでも、私たちはその意味を、自分の中で一度反芻してみる必要があります。

3　起こることには必ず意味がある

苦しんでいるときに入った一本の電話

人生の中で起こることには、必ず意味があると私は考えています。

もし自分が運がある人間だとしたら、私はその意味をしっかり考えてきたからだと思うのです。

だから強運をつかみたかったら、**人の話に素直に耳を傾け、「自分にとってそれがどういう意味をもつのか」を考えるクセをつけることが大事です。**

たとえば世の中には、「儲け話」というのが、案外と多くあります。

おそらくそのほとんどは、眉唾《まゆつば》な話でしょう。これらにことごとく引っかかってしまう人というのは、やはり情報の吟味が足りないのだと思います。

その一方で、ほんの少しの確率でしょうが、「本当に儲かる話」だってあるかもしれません。ということは、「そんな美味しい話なんてあるわけがないよ」と、ことごとく情報をはねつけている人は、やっぱり損をしている可能性もあるのです。

大切なことは「その情報の信頼性」とか、情報を発信した相手に対する信頼度。それに「受け取った自分が抱えている問題」と「いまのタイミング」を、総合的に判断することだと思います。

以前にこんなことがありました。それはよくある「健康食品を買いませんか？」という勧誘に近い話なのですが、その情報提供者とタイミングが非常に重要だったのです。

その結果、私は思わぬ幸運に恵まれました。

タイミングとは、私がインフルエンザにかかって、グッタリしていたときです。熱が39度にもなって、息もできないような状態です。息子も「救急車を呼ばなきゃ」と心配します。

「大丈夫、ちょっと待って。一晩寝れば、なんとかなると思うから」

とにかく、その夜は落ち着いてひと眠りし、明朝になったら病院に行くことにしました。

そんな矢先、夜の9時ごろに携帯が鳴ったのです。

こんな夜の時間に。しかも私のほうは、熱でハァーハァーしています。

息子は「どうする?」と聞くのですが、さすがに電話に出るのは無理……。

「誰だかわかる?」と聞くと、「Aさんから」とのこと。

なんと私が学生のころからの知り合いです。久しく連絡はなかったのですが、いったい何の用件だろう?

とにかくその日は、電話で誰かと話すのは無理でしたので、連絡は放置し、ぐっすり眠ることにしました。

翌日になると、昨日よりは少し症状も治まり、歩けるようにはなりました。そこで病院に行き、注射を打ってもらうと、だいぶ体もラクになりました。

そこで、Aさんから電話があったことを思い出したのです。

「いったい何の用件だったのだろう……?」

考えてみたら、私が「死ぬんじゃないか」と思うくらいインフルエンザで苦しんでいるときに、Aさんは私のことを思い出して電話をかけてきたわけです。

「ひょっとしたら、何か関連性があるのではないか?」

聞かないとダメだなと思い、私はあらためて、こちらから電話することにしました。

苦しんでいるときの連絡には意味がある

インフルエンザで苦しんでいたときにかかってきた電話の正体は、いったい何だったのか？

結論は先に述べています。彼女の飲んでいる健康食品についての電話だったのです。

けれども「間に合っています」でなく、このときは彼女に会って、話を聞いてみようと思ったのです。

たまたま病気で苦しんでいる絶妙なタイミング。ひょっとしたら神様が、あるいは見えない何らかの力が、「これを使ってみなさい」と私に示唆してくれているのではないかと思いました。

そう思ったのには、電話をかけてきたAさんとの関係性もあります。

彼女との出会いは古く、私が学生のときです。

そのころから彼女は率直な人で、厳しいけれど、非常に親身になってくれる方でした。

私は昔から胃腸が悪くて、食事に興味がありませんでした。でも、その健康食品を飲むようになったらお腹が空くようになり、昼食をきちんと食べるようになったのです。これは私の人生において画期的なことでした。

しかも夜はよく眠れるようになり、顔は、むくみが取れて小さくなったような気がします。肌もツルツルになってきたように感じます。

これも大した強運だといえるのではないでしょうか。

4 「幸運のメッセージ」は、予期しないときにやってくる

夢は幸運につながるメッセージ

強運へと続くメッセージは、他人から伝わるものばかりではありません。じつは私たちの頭の中にだって、いまの問題を解決してくれる情報が詰まっているのです。だから眠っているときに見る夢は、ときどき貴重なアドバイスをもたらしてくれることがあります。日本でも「夢のお告げ」ということは、よく言われますよね。

実際に私も、夢のお告げによって助かったことがあります。

それはまだ私が留学生だったころのことです。ちょうど法学部の大学院を受験しようとしているときでした。試験まではあと一日しか余裕がありません。

いまもその夢は、しっかり覚えています。

リアルだけど、不思議な夢。私は大学の教室にいて、鬼に追いかけられています。そして教室の真ん中には、先生が普通に座っているのです。追いかけられている私は、「助けて〜」と、先生に救いを求めます。ところが先生には助けるそぶりなどなく、ただハハハと笑っているだけ。

いったい私はどうなるのだろう……？

そこでハッと、目が覚めました。

夢か？　でも、教室が出てくる夢ですから、何かこれからの試験にとって意味があるような気がします。

鬼に追いかけられているのは、勉強に追われているいまの私と同じ。でも、先生はまったく助けてくれない。むしろ受験する私を、何かあざ笑っているようにも見える……。

そうやって夢を分析していった結果、私は「次の試験を相当覚悟しなければならないのかもしれないな」という予感を抱いたのです。

先生は学生を助けようとはしない。だとしたら試験では、対策のできる過去に出された問題ではなく、30年くらい過去にさかのぼっても、一度も出ていない問題が出るのではないか？

いまも同じでしょうが、試験シーズンには「今年はこういう問題が出るんじゃないか」という予測が出回ります。

ただでさえ法科の試験は範囲が広く、難解なテーマが多いのです。すべてを網羅するのは難しいから、学生の中にはある程度のヤマを張って試験に臨む人も少なくありません。

私もそんなふうに、過去の問題からヤマを張って、試験を受けようと思っていました。でも、そのヤマは今回、ことごとく外れるかもしれない……。

それから試験までの一日、私は過去問を参照せず、ひたすら教科書として使っていた本を読み続けました。

どこが問題に出ても、取りあえず答えられるようにしておこう！　最終日はほとんど徹夜です。

はたして試験当日、夢のメッセージに従った結果は、どうなったでしょうか。

夢が教えてくれた問題の答え

当時の大学院の入試は、論述問題が3つ出るという内容です。そして夢の分析から私が予想した通り、この問題は3つとも、過去に一度も出されたことのない超難問でした。

なら、スラスラ問題が解けたのか？

とんでもありません。「これは見たこともない問題だ」「これでもう絶対に不合格だ」と、私は少しパニックになって、そのまま意識がどこかに飛んでしまったのです。ずっと寝不足だったことも影響していたかもしれません。

ふと我に返ると、試験を受けている学生たちの答案を書く音が聞こえてきます。

一方で私は、一文字も書いていない白い答案用紙のまま。

「このままじゃいけない！」

私はとにかく、問題に集中することにしました。

すると気づいたのです。

「あれ、この部分は本で読んだことに関連するんじゃないか？」

ヤマを張るのをやめて、一夜漬けで読んだ本。思い出すと解答に使えそうな内容が多くあります。中には読んだ本の知識をつなぎ合わせることで、論述ができそうな問題もありました。

「これは神様が味方してくれているのかもしれない！」

残り時間を使って、私はできるだけの解答を書き上げたのです。


結果、私は大学院の試験に合格することができました！

大学院で学び、中国弁護士の資格もとれたから、いまの私があります。ということは、もしもあの夢がなかったら、ひょっとしたらこうして日本で仕事をしていることだって、なかったかもしれないのです。

神様は、私が日本で人のお役に立つことを望んでいる……。

そう考えると、自分の未来に対して期待ができると思いませんか？

夢はときどき、自分では想像もつかなかったアイデアを示唆してくれることもあれば、将来のビジョンを示してくれることもあります。

だから昔から、夢で見たアイデアを小説にしたとか、夢のお陰で科学的な大発見をしたなどという話は多いのです。

人間は眠っているとき、脳内の情報整理をしていると言います。だからとくに朝方の夢というのは、「脳内がクリアになる前の一番いい状態で閃くもの」になります。

もちろん、ひょっとしたら神様や、見えない力がメッセージを送ってくれているのかもしれません。

私たちはその力を、もっと有効に生かすべきでしょう。

頭をよぎったことは忘れないうちにメモ

夢は幸運をもたらしてくれる、貴重なメッセージかもしれない……。

でも、夢の内容って、はっきりと覚えていることが少ないですよね。夢を見ながら目覚めたとしても、「顔を洗うころにはすっかり内容を忘れていた」ということも多いのではないでしょうか。

そもそも人間というのは、寝ているときにけっこう多くの夢を見ているようです。その大半は起きたときに忘れてしまいますが、かろうじて目覚める直前のものであればしばらくは記憶に残っているわけです。

ただ、その記憶も、放っておけば忘れてしまいます。だから忘れないうちに、夢の内容をメモしておくといいでしょう。

つまり、枕元にメモ帳を置いておく、ということですね。

私は特別にメモ帳を枕元に置いていますので、何か意味のありそうな夢を見たときには、必ずメモ機能を使って書き留めておくようにしています。

じつは夢だけでなく、本や講演のテーマとか、あるいは仕事でやってみたい試みなど、朝、起きた瞬間に思いつくことが多いのです。

あるいは朝でなく、夜中にふと目覚めて、「こういうの面白いんじゃないかな」と閃くこともあります。

「これも目に見えない力が働いているのかな」なんて思ったりもするのですが、放っておくと忘れてしまう。だから必ず、メモ帳を取り出して、何かしらメモを残すようにするのです。

いまは手帳やメモ帳よりも、スマートフォンのほうが身近にある人が多いでしょう。明け方など、メモの文章を書くことは少し億劫だったりするのですが、そんな際もほとんどのスマートフォンにはボイスレコーダーが内蔵されています。

朝起きて、見た夢を取りあえず「こんな夢を見た」と言葉にして、録音しておく。メモをとるよりも、ずっと簡単かもしれません。

もちろん、電車の中や、あるいは街中を歩いているときでも、何かを思いついたら、立ち止まってスマートフォンを取り出してメモをするのがいいでしょょう。

問題はやはり、「ついつい忘れてしまう」こと。

たいてい手帳のメモが上手な人というのは、「何かあったらペンを取り出してメモる」ということを習慣化させています。その習慣がない人がスマートフォンをメモ代わりにしようとしても、すぐ反射的に体が動きません。

ならば、「朝起きて気になったことを、一つでもメモする」などと、最初のうちはルール化してしまったほうがいいでしょう。

意味のなさそうなものは、あとから消していけばいい。運を得るために必要なのは、**まずは「メッセージを受け取れる準備体質」をつくってしまうことなのです。**

ちなみに中国には「三上《さんじょう》」という言葉があり、「馬上」「枕上《ちんじょう》」「厠上《しじょう》」の3つを指します。

これは北宋の欧陽脩《おうようしゅう》という政治家・学者が『帰田録二』に「アイデアが湧きやすい時間」ということで紹介しているもの。馬というのは、馬の上。いまならさしずめ、電車や飛行機など、乗り物の中ということになるでしょうか。「枕上」は私が述べてきた「眠っているとき」で、「厠上」というのはトイレの中。

そのほか運動をしてるときや、歩いているときも、アイデアが浮かぶ瞬間。あるいはメッセージが舞い降りてくる瞬間です。

運をよくする情報は、予期しないときにやってくるのです。

ですから「いつやってきてもキャッチできるようになること」が、とても大切なのですね。

5 「辛い努力」なんてしてはいけません

何があっても「自分は運がいい」と思う

他人の口を通し、マスコミの情報を通し、眠っているときに見る夢を通し、運をよくしてくれる情報は、私たちのところにちゃんと届けられています。

強運をつかむのは、そうした情報に素直に従うだけ。別に難しいことではまったくないのです。

でも、うまくいかないときに限って、人はそうした情報に耳を傾けようとしません。

人の話なんて聞いていられない。自分と関係のないニュースなんてどうでもいい。いまはたいへんだから、自分が頑張らないといけないんだ!!

そんなふうに、目の前のことしか見ていないから、夢のことを思い出す余裕もありません。

こうしてせっかくのメッセージが与えられているのにもかかわらず、自分がそれを受けつけなくなる。それで「自分には運がない」と思っているのです。

悪循環から、なんとかして抜け出さなくてはいけませんね。

仕事がうまくいかない人は、なんとしても早く結果を出したいと思う。

恋愛がうまくいかない人は、なんとかして愛すべき誰かを見つけたいと思う。

欲しいものを手に入れたいばかりに、焦ってしまう気持ちはよくわかります。

けれども、そこにばかり気をとられていたら、日常にある「些細なラッキー」に気づくことはできません。

朝、家を出たら、可愛らしい小鳥がさえずっていたとか、いままで会話したこともない会社の役員さんに声をかけられたとか。

そんな小さなラッキーに気づくことから、「幸運な毎日」は始まっていくのです。

私が２０１７年に書いた本は『逃げ切る力』だったのですが、私は女性蔑視があった過去の中国から、まだアジアの外国人が差別されていた日本のビジネス環境から、経営者として背負った大きな重圧から、結婚してすぐ夫を失うような運命から、必死に逃げ回ってきました。

普通ならどこかで、心が折れてしまってもおかしくはなかったと思います。

それでも現在の私は、自分が強運の持ち主だと、本気で思っています。だから息子がいて、成長していく会社でともに働く仲間がいて、大勢の友人・知人たちに囲まれている環境に感謝し、幸せに生活することができています。

ほんの少しだけ、考え方を変えるだけ。あなたにだって必ずできるはずです。

「辛い努力」をやめてしまいましょう

運をつかむためには、もちろん自分から行動を起こさなければいけません。

でも、自力本願だからといって、「あらゆることをすべて、自分でやらなければいけない」ということではありません。

人に頼る部分は人に頼り、もっと肩の荷を下ろして、ラクな気持ちになっていいのです。

そうでないと心の余裕は生まれません。

心の余裕がないと、運を味方にするようなメッセージも感じ取ることができ

ないでしょう。

ただそう言うと、「物事を一生懸命にやらないほうがいいのか」とか、「努力することはいけないことなのか」という話に聞こえるかもしれません。

もちろん努力するのは素晴らしいこと。

しかしエネルギーの使い過ぎがあまりいい結果をもたらさないことは、経験上、私はよく知っているのです。

じつは大学の試験で、一番一生懸命にやったことはうまくいきませんでした。必ず教室の一番前の席に座り、先生に熱心に質問した憲法の授業は落ち、そのほかの授業はすべて合格しました。

そんな調子でエネルギーを使えば使うほど、願ったことが叶わない。

おそらくは心に余裕がなくなり、柔軟に問題に対処していくことができなくなるからでしょう。

営業なども、「どうにかして売り上げを出したい」と思いつめてお客さまのところをしげく回ると、逆に距離を置かれたりします。

それより「お客さまの役に立てれば」とか「楽しく話せたらいいな」と、肩の力を抜いて相手に対面するほうが、いい結果が出ることのほうが多いのです。

一流のアスリートやアーティストでも、端《はた》から見ればものすごく練習をして技術を磨いていますが、自分では辛い「努力をした」と思っていない人が多いらしい。それは練習自体を「自分を成長させるためのもの」と認識し、楽しくやっていることが多いからでしょう。

そんなふうに「努力」というのは、自分で自覚しないくらいのほうがいいのです。

「仕事に熱中して、気づいたら終業時間になっていた」などということは、あなたも経験したことがあるのではないでしょうか？　好きで夢中でやっているものならば、どんな努力も苦痛にはならないのですね。

自分ですべてを抱え込まない

私自身、仕事の面で努力してきたかといえば、もちろん若いときから頑張ってきたのは事実でしょう。

なんせ会社を立ち上げた当時は、メーカー系でなく、独立系のエレベーター会社なんてなかったわけです。ライバルは大手の系列企業になりますから、お客さまに認知されるためには、必死になって営業をしなければなりません。

私は社長になってからも、ずっと先頭に立って営業を続けてきました。

でも、それではいつまでも心の余裕ができないし、自分の可能性をさらに広げることもできなくなります。

だいたい、いつまでも私が実務でもトップにいたら、みんなが育ってもいきませんよね。あるとき、「これじゃいけないな」と思ったのです。

ただ、会社にいれば、私は仕事が好きな人なんです。どうしても、「私がやるから」なんて、社員たちの仕事を横取りして、バリバリ動かしてしまいます。だったら、ちょっと会社から離れてしまえばいいのではないか……。

それである夏、亡き夫の実家があるスウェーデンに、1か月くらい行ってしまおうと思ったのです。

いままで営業の先頭に立っていた社長が、1か月もいなくなる……。社員はたいへんですよね。

困ったことがあっても、聞く人がいない。自分でなんとかするしかない。1か月経って戻ってきたときには、「辞めたい」なんていう人も出てきて、会社はごちゃごちゃになっていました。

それでも翌年、またスウェーデンに長く行ったのです。

「また、いなくなるの⁉」

会社はやはりガタガタになりました。でも、よく調べると売り上げは前年より増えているのです。

なんとかみんな自分なりのやり方で仕事を回していくようになり、私が一人で頑張るよりずっと、成果を出すようになりました。

それで3年目は、さらに長い間、スウェーデンに行くようにしました。

また、うんと売り上げは上がります。

それでもう、私はほとんど営業をしなくなったのです。社員に任せて、自由にやらせてしまう。私は重要なことしか指示しません。

そうすれば私は私で、講演活動をしたり、こうして本を書いたりすることができるようにもなりました。それはそれで会社のブランド力になるし、私自身も新たなステージに飛躍できます。

つまり、「自分がやらなくていいこと」を抱え込む必要はないんです。

頑張ろう、頑張ろうではなく、もっと楽しく、力を抜いて目の前のことができるようにしましょう。

たとえば神様に「運が味方にしてくれますように」なんてお願いをするにしても、すがりつくように頼むのでなく、「叶ったらいいなあ」なんて軽い気持ちでお願いしてみる。

そのほうがずっと、運はあなたの味方をしてくれるようになるのです。

6　困ったときはアドバイスを請う

困ったときは人に頼っていい

自分であらゆることを背負い込んでしまう人は、逆に言うと、「人に頼ることができない」ということです。

人に頼れないという気持ち、私はわからないわけではありません。

それは孤独な立場ともいえる経営者を、長い間、ずっとやっていたからということもあります。

ただそれ以上に、「誰にも頼ることはできない」という状況を経験もしてきました。

とくにまだ若いとき、日本に一人でやってきて、最初は頼れる人なんていなかったのです。右も左もわからない中で、働き口を探そうとしても、「中国人のくせに」なんて言われ、ろくなところが見つかりません。

最近コンビニで明らかに中国語なまりの若い女性がレジを打っているのを見ると、「恵まれている時代にこの国に来れていいなあ」と、本気で羨ましく思うくらいです。

とにかく私のころは、どうにもならない現実に打ち負かされては、家に帰って泣きながら「こんな国、大キライ」とか、「中国に帰りたい」とか、「アメリカに行きたい」なんて嘆いていたわけです。

けれども逃げ道を探しても、そんなものはどこにもない。だから一人でどうにかするしかなかった。

そうやって生きてきたことを思えば、人に頼ろうなんていう気持ちも起こらなくなります。

それでも早稲田大学に入ると、そこでは外国人の留学生を非常に大切にしてくれたのです。

私は最初の留学生のグループの一人だったし、法律を学んでいたこともあって、学長先生にとても可愛がっていただきました。年に2回、大学は留学生の私たちに、旅行の援助金を出して、京都に、道東に、四国にと、日本のさまざまな土地を案内してもらえたことは、いまでもよく覚えています。

そのころから私は日本人に感謝の気持ちで接するようになり、何もできない自分を素直に認め、この国での生き方を教えてもらうようにしようと考え始めたのです。その結果、日本国から外国人向けの奨学金をもらって大学院に進んだり、いまの会社の立ち上げに加われたりと、さまざまな幸運に恵まれました。

「自力本願」は、他人にまったく頼らないことでなく、人の力を借りて自分で問題を解決することだと思います。

それに一人で頑張っていたころより、誰かの力を借りることを覚えてからのほうが、ずっと人生は楽しいですよね。

いまの私は、会社を経営しながら、「新生アジア」の勉強会などのコミュニティをつくり、頼れる仲間の輪を積極的に広げています。

ときには人に甘えていいし、自分がわからなければ、すすんで人に助言を求めればいいのです。

幸運は確実に、人からもたらされてやってくるもの。

だとしたら、運を運んでくれる人の選択肢を多くもつ人ほど、多くの運に恵まれるのが真実なのです。

困ったときは息子に頼る⁉

人に頼るという意味で、私がいま一番、アドバイスを求める存在は、なんといっても小学生の息子です。

彼は早くに父親を失っていますから、普通の子どもよりもクールなところがあります。でも、彼なりに私を支えようと真剣です。

そして私も、普通なら子どもにわかりそうもない問題について、「こういうことはどう思う?」と聞いてみたりします。

でも返ってくる答えは的確で、私がまったく気づかなった本質をズバリとついてくることがあります。

以前にこんなことがありました。ひょっとすると会社の死活にかかわるかもしれないと、私が眠れないほど悩んでいた問題です。

それは10年以上も私の会社、東京エレベーター株式会社に勤めている、技術者についてのことでした。

彼は無口で気難しいタイプ。頑固な気質で、私が提案をすると、ことごとく反対をするようなこともあります。

ただ、根はとても真面目で、仕事はものすごくできる人間です。ですからエレベーターに関する技術的なことは、一切を任せていました。

その彼が性格からか、病気になってしまったのです。

傍目でも「もう無理かな」という段階でした。

しかし彼のほかにエレベーターの技術に詳しい社員はいません。それだけに頼ったところも多かったものですから、「辞めたらどうしよう」と私は将来を危惧していたのです。

誰に頼っても、答えは出ない。

そこで小学生の息子に、「会社でこういうことがあって悩んでいるの」と打ち明けてみたのです。

その当時、息子はまだ7歳。コンサルト的な解答など期待していません。

私としては、藁《わら》にもすがるような気持ちです。ただ、悩みを誰かに聞いてもらいたかっただけかもしれません。

案の定、「いかにも子ども」という答えが返ってきました。

「僕なら、ジャンプして喜ぶよ」

何それ……？　と思いますよね。

私が思いつかなかった「小学生の答え」

子どもの一見、無邪気な答え。

まあ、あなたは会社を経営しているわけじゃないし、仕事のことなんてわからないもんね……。

そう私が思う気持ちは、あなたもよくわかるでしょう。

ただ、心の中ではそう思いながらも、一応、ジャンプの理由を聞いてみたのです。

「どうしてジャンプなの？」

彼の答えは、こういうものでした。

「技術者が辞めるから悩んでいるんでしょ。だったら技術者を雇えばいいじゃない。考えてごらん。彼がね、病気にかかったんだから、どうしようもないじゃない。彼の間違いでもないし、ママの間違いでもないの。このままママの会社に勤めても、彼にとってもよくないし、ママにとってもよくないし。彼がいなくなれば、ママが好きなようにできるじゃない。これからは、ママが好きなように会社を変えられるんだよ。僕だったらやっぱり、ジャンプして喜ぶな」

そこで「えっ？」と思ったのです。

もちろん、新しい技術者の採用を考えなかったわけではありません。ただ、募集してすぐ人が見つかるとは限らないし、彼のレベルになるには時間がかかります。

でも待てよ。本当にそうなんだろうか……？

私は、「見つからなかったらどうしよう」というネガティブな方向にばかり考えていたわけです。技術者が代わることで、プラスになることだってもちろんある。

もし見つからなければ、その間だけ、何らかの対策ができればいいのです。

その方法はあるのではないか？

私は息子の答えに「なるほど」と思い、目からウロコが落ちるような思いになりました。

「ねえ、ちょっとよく聞かせて、じっくり話を聞かせてくれないか」

「ママ、ごめん。学校があるから。じゃあ」

息子はランドセルを背負って、学校に行ってしまいました（笑）。

そして私も支度をして、カバンをもって会社へ向かいます。

でも通勤しながら、息子からのアドバイスについてずっと考えていたのです。

そして駅から会社へ向かう途中で、結論を出してしまいました。

「技術者が1人辞めることで悩んでいるなら、いいじゃない、募集すれば」

決めたらあとは行動です。

会社に着いたらすぐに総務と相談し、「人を募集しよう」ということにしました。そして結果はといえば、4～5人の技術職の社員を新規で採用できたのです。

「謙虚な人」が運をつかむ！

このとき採用した技術者たちは、現在も会社にいてキーマンになっています。元の技術者は、最終的には辞めていくことになったのですが、いまは新しい人生を出直しているでしょう。いずれにしろ私たちの会社は新体制を整え、いまは若手から新しいリーダーが育っています。

結果的には息子が言った通り、私は会社を変えることができたのです。

私たち大人は社会に出ていろんな経験をしますから、物事を複雑に考えるクセがついていています。

だから物事がうまくいかないとき、一方向でしか私たちは考えられなくなる。結果、打開策を見出せず、袋小路にまで追いつめられてしまうわけです。

でも子どもというのは、もっとシンプルに物事を考えます。固定観念にとらわれず、感じたことをそのまま言うから、問題の核心を突くことができるのです。その意見は、大人が大いに参考にすべきものでしょう。

それは子どもの意見に限りません。

たとえば上司の立場にいる人は、部下の意見に対して、素直に耳を貸しているでしょうか？

自分のほうが立場も上で、経験も豊富である。それに年齢も上。なので「下の人の意見なんか聞けるか」と、部下や後輩の意見に耳を貸さない人も多いかもしれません。

でも、時代は変化しているし、経験を重ねた人ほど、過去に縛られていることも多い。自分が成長するためにも、フレッシュな意見を取り入れたほうがいいことは案外と多いのです。

さらに加えれば、パートナーの意見、あるいは自分の仕事とは関係のない、プライベートな友人からのアドバイス。ふだん違う世界にいるからこそ、その意見は慣習にとらわれず、的確であることも多くあります。

つまり、**自分の周りの人々は、みんな先生であり、師匠。謙虚になって教えを受け、自分が何かを選択するときの参考にすればいいのです。**

「自力本願」というからには、最後はもちろん自分で選択する。

ただ、それまでの過程では、どんどん人にアドバイスを求めればいいのです。

7　ツイている自分をイメージしよう、逆転の発想で物事を考える

イメージすべきは「成果」ではなく「感情」

強運を得るヒントとして、最後に述べておきたいのは「イメージの話」です。

そもそも「自分に運がない」と思っている人は、どんな状態になったら、「自分は恵まれているなあ」と感じるのでしょうか？

みんな「お金持ちになりたい」とか、「仕事で成功したい」とか、「恋人が欲しい」といった〝願望〟は口にするかもしれません。

けれども私が言っている「イメージ」とは、そんなふうに「いい結果」を示すような単純なものではありません。

もっと「自分がどういう状態でいるか」とか、「どういう環境にいて、どういう気持ちでいるか」といった、内面的なものです。

それは抽象的で、ぼんやりとした未来像に思えるかもしれません。

それでも「成功する」とか「幸福になる」といった、〝ありきたりの願望〟よりもずっと、自分が手に入れたいものを明確に示しているように思うのです。


たとえば、私が子どものときにもっていたイメージです。

すでに述べたように、男尊女卑の農村に生まれていますから、小さいころから「女性には価値がない」と言われ続けていました。将来はといえば、同じ地域の男性と結婚して、農作業をして過ごすものと普通は決まっています。

でも、私は違う、大きい世界に必ず行く。これはまさに逆転の発想です。女として生まれた私は男よりも素晴らしい人間になってみせるとの発想でした。

その「大きい世界」とは、日本とかアメリカのような具体的なものではありません。当時の私は、世の中に高層マンションの暮らしがあることも知らなかったし、世の中にどんな仕事が存在するのかだって知りませんでした。

もっていたイメージは、「裕福な生活」でも「格好いい仕事」をしている自分でもなく、大勢の人に自分が認められ、大勢の人に自分が必要とされている〝状態〟だったのです。

そのときの気持ちを想像するだけで、ワクワクすることができました。

結局、このワクワク感があったからこそ、親の思いを振り切り、自分を見下げてきた大人たちを乗り越え、勉強することによって日本に来るチャンスをつかむことができたわけです。

勉強を苦労と思わずに続けて弁護士の資格を取り、営業を苦労と思わずに会社を育て上げてきたのも、それによって「多くの人の役に立てている」、「皆に自分が認められている」という手応えを感じてきたからでした。

泣きたいことがあっても、「自分の将来は、こういう人間になる」というイメージがあれば、翌日に元気になれる。みんなが自分の価値を認めてくれたときの気持ちを考えれば、それだけで奮起する気持ちになれたのです。

逆に言うと、単純に「この農村から抜け出したい」とか、「もっと裕福で満たされた生活をしたい」などという願望をもつだけだったら、私はこんな幸運をつかむことはできなかったでしょう。

つまりイメージすべきなのは、「何を手に入れたか」という成果ではなく、「それによって自分がどういう気持ちになれるか」という感情なのです。

それを間違えるから、私たちは「運」と「不運」を、いつまでも行ったり来たりすることになるのではないでしょうか。

「運のいい出来事」を連鎖させるには？

単純に「運」というのは、「いいことがあった」か「いいことがなかったか」の区別だけ。

だから今日、運のいいことがあっても、明日に面白くないことがあれば、人は「ツイてないなあ」なんて、すぐ落ち込んでしまいます。

それに対して「強運」というのは、次々と「運のいいこと」が連鎖していくもの。

単に「何が欲しい」とか「何になりたい」ということでなく、自分が理想としてイメージする状態を追いかけていくうちに、次々と起こってくる必然的な出来事なのです。

たとえば、「いつも、みんなを明るくしている自分」をイメージしている女性が、職場ではその通り、明るくふるまって、みんなを盛り上げていく。結果、上司からは可愛がられ、仕事でも重要な役を与えられる。さらに男性にも好かれ、最高のパートナーを見つけてしまう……といった具合です。

でも、多くの人は「仕事で上司に認められる」とか、「ステキな男性を見つける」といったように、一面的な理想でしか「運」を考えていません。

だから仕事で成功していても、「恋人ができない」といって、寂しい思いをしてしまう人がいたりします。

あげく性格の悪い伴侶を選んでしまったりして、その結果、仕事にも悪影響が出たりするのです。

前に私が中国の高校で、「外国語を学びたい」と志願したとき、「あなたが『それが将来のためになる』というなら私も！」と志願した友人の話をしました。

彼女の選択は正しかったし、私よりずっと頭がよく、何より美人で性格もいい女性です。最初のうちは学校でも評価され、間違いなく国際的な仕事をして出世していくんだろうなと思いました。

ところが彼女には、肝心の将来に対するイメージがありませんでした。

だからついつい、目の前の欲に惹かれ、奥さんのいる社会人と恋愛関係になり、しまいには相手の奥さんが学校に乗り込んできて、たいへんな騒ぎになってしまいました。

いまの日本でも不倫はあまり歓迎されませんが、当時の中国はそれ以上に、風紀に対して厳格でした。残念ながら彼女は大学を退学になり、故郷に戻ることになってしまったのです。

私はといえば、やはり「皆に自分が認められている世界」に対するイメージが強かったのです。そのためには何としても勉強して成績優秀になり、日本へ留学する機会を得る必要がありました。当然、恋愛なんてしている時間はありません。

結局は強いイメージが、私を現在まで導いてくれたのですね。

もっと欲張りに、いろんな夢を叶えよう

目標を設定して、その目標を追いかけるのは、とても大切なことです。

でも、一つの目標のために、自分が望む別のことをあきらめてしまっては、本当の幸せなど手に入りません。

私の友人は恋愛によって将来をフイにしてしまったのですが、かといって将来のために恋愛を放棄しろということではありません。むしろ恋愛によって自分に自信をつけ、さらに将来の可能性も広がっていくような未来を想像するべきなのでしょう。

現在の私は、もちろん会社をさらに成長させたいし、経営者としても弁護士としても成功したい。

でも、それだけでなく、作家として、講演者としても輝いていたい。子どももちゃんといい子に育て上げ、それでいてずっと女性としても輝いていたい。たくさんの趣味を実現し、健康で、いつまでも若々しくいたい、それでいて心の余裕も手に入れたい……と、叶えたいことはたくさんあります。

それらを全部叶えるのは、難しいことではありません。

ただ、**「そうなるんだ」というイメージをしっかりもっていれば、必然的にそうなるのです。**

もっと私たちは、欲張りに夢を叶えようとしていいのではないでしょうか。

私も過去を思い返せば、最初からそんなふうに欲張りに、いろんな夢を実現させようと考えていたわけではありません。

子どものころは生きることに必死だったし、日本に来てからはこの国で人のお役に立つことに一生懸命。社長になってからは、とにかく会社を発展させることに精いっぱいでした。

でも、40代で結婚し、子どもができると、妥協なんてできなくなります。それまで私は、経営者として、ほとんど休むこともなかったのです。そんな社長が、いきなり母親になる。普通だったら「育児と仕事の両立なんて無理」ということになるでしょう。

でも、あきらめることはできません。

社長が長く休むことは難しいのですが、とにかく出産の日までは、一日も休みませんでした。

そして子どもが生まれてきてからは、育児をしながら社長業です。夫に車で連れてきてもらって、社長室で育児をしながら仕事。すでにリタイアしていた夫も、一緒に社長室に控えています。

「社長、報告書です」なんて社員がやってくると、そこでは社長当人が子どもをあやしていたりする……。

さぞ社員もたいへんだったでしょう。でも、働くママさんに寛容な企業が増えてきた最近を見ると、私の会社は世の中の最先端を行っていたのかもしれませんね。

けれども、その夫ともその後数年で死別することになるのですから、運命というのは本当に、ときにひどい仕打ちをします。

それでも私は、自分を「強運の持ち主」と信じていたい。心が折れそうになった時期もありますが、やはり望んでいる幸せのイメージに、さらに自分を近づけていきたい……。

そのためには自分の運を信じられるだけの、「心の強さ」も必要になってきます。次章では、「幸せのつかみ方」について考えてみましょう。

第3章　「幸せ」を実現するヒント

1 「いまの生活」に幸せを見出そう

まず「幸せを感じた瞬間」を思い出す

あなたにとって、「幸せ」とはいったいどのようなものでしょうか?

たとえば同じくらいの給料で、同じ職場で同じ仕事をしている人でも、現在の自分を「幸せ」と思う人もいれば、不満を抱えながら「幸せになりたいなあ」と願い続けている人もいるでしょう。

そんなふうに「幸せ」というのは、人によって形が違うし、感じ方も違うものです。

ただ間違いなく、「いま、幸せだな」と感じている人は、幸せなのです。そう感じられない人は、幸せとは言えません。

ならば、幸せでない人は、どんなふうになれば、「幸せだなあ」という気持ちになれるのでしょう？

不幸のスパイラルにはまっている人は、たとえばお金持ちの人を見て、「あんな生活ができたら幸せだろうなあ」と思う。自分より仕事で成功している人を見れば、「自分もああだったら幸せなのになあ」と思います。

本当に幸せなのかは、当人でないとわかりません。ただ、他人と自分を比較してばかりですから、いつも現状に対する不満しか出てこなくなるのです。「きっとこうなったら幸せだ」なんていう理想を追い続けても、現状の不満しか出てきません。

それより先に、「あのとき幸せを感じたな」という、過去の経験を思い出してみましょう。

温泉に旅行したとき、友達と思いっきりカラオケで歌ったとき、ステキな夕焼けを見たとき……と。

考えてみれば、「幸せを感じる瞬間」は、日常でいくらでもあるのです。それを発見することこそ、さらに幸せな人生にしていくための第一歩でしょう。


たとえば私の例でいえば、先日、仕事の打ち合わせに行き、ちょうどお昼になっていたときです。

先に述べたように、私はずっと食欲がわかない日々が続いていました。けれども最近は知人から勧められて続けていた健康食品の効果もあり、食欲がちゃんと出てくるようになった。それでお昼ですから、お腹が空いてきます。

けれども次の仕事が入っていて、時間がありません。「何かすぐ食べられるものはないかな」と、ふと目の前にあったのは、牛丼のチェーン店です。

「あっ、あれならいいかな？」
生涯でもはじめての経験。ごく普通の牛丼を1つ頼んで、食べてみました。
そうしたら、いままで食べたことのない味。意外と美味しいんですね。
私は満たされた気持ちになって、ふと思いました。
1杯の牛丼で、人はこんなに幸せになれるんだな……。
その日の午後は、嬉しい気分で仕事ができました。
「幸せを感じること」なんて、それほど簡単なことなのです。

「幸せ」は些細なことから連鎖して広がるもの

別に私は、「牛丼1杯で幸せになれるのだから、それでいいじゃないか」などと言うつもりはありません。

皆さんにたくさんの夢を叶えてほしいし、仕事でも、人間関係でも、お金でも、願いをどんどん叶えて、もっと幸せになってほしいと思っています。

けれども当たり前の「現在」に幸せを見出せないと、人は結局、何を手に入れても幸福感を得られないのです。

たとえば年収500万円の人が、1000万円になった。それはとても喜ばしいことですが、知り合いの年収を聞くと2000万円だという。

するとまた「自分は恵まれていない」なんて、不満を感じるようになるのです。これではキリがありません。


この世の中には、辛いこともあれば、嬉しいこともあります。

時代は激しく変化しているし、テレビを観たらマイナスのニュースばかり。

私たちは潜在意識の中で、いつも不安な気持ちを抱えていて、だからか、物事をネガティブに考える人が増えているようにも思います。

国連の「世界幸福度報告書」に基づく「幸福度ランキング」で、日本は先進国でもかなり低いほうでしょう。でも、その昔の中国の農村から来た私から見れば、この国は「自由な国」であり、「誰でも幸せになれる国」だったわけです。

だからこそ皆さんに、**まずは「当たり前の日常」に幸福感をもって歩んでもらいたいのです。**

目の前の小さな幸せを見出せるようになれば、そこから連鎖的に「幸せな毎日」は加速成長していくと思います。

2　幸福を得るための「冥想」のすすめ

どん底にいた私が立ち直れた理由

「当たり前の日常に感謝しましょう」と言った私ですが、じつは不幸のどん底にいるような毎日を過ごしてきた時期もありました。それは数年前、夫を病気で失ったあとのことです。

正直そのころは、人生の目標を失っていました。

「なんでこんなに苦労しなきゃいけないんだろう」

そんなふうに考え、夜も2時間くらいしか眠れません。やる気もなくなり、軽いウツのような症状も出ていたと思います。

まだ幼かった息子は、一つの希望でした。

ただ、そんなふうにウツになると、子どもがいる喜びより、「私一人で、この小さい子をどうやって育てよう」という不安のほうが大きくなってしまうのです。

あらゆることに喜びをもてず、いったい何をすれば幸せを感じられるのかもわからない。

私はそのころ、かなり切羽詰まった状態にありました。

そんなころ、中国人の友人の一人が心配をして、仏教の勉強会に誘ってくれたのです。

それは中国で非常に有名なお坊さんから、密教を学ぶもの。主体は日本の

「禅」のように、冥想で心をコントロールする方法を学ぶものでした。

最近ではグーグルのような大企業もメンタルタフネスということで、研修に冥想を取り入れています。

私としてははじめての経験でしたが、これを習慣にすることで人生が変わったのです。

冥想によって自分を見つめ直し、気がラクになって、体が軽くなった気がしました。

「自分だけが不幸なわけではない」

「幸せなことだってあるじゃないか」

夫の死という不幸な現象だけを見るのでなく、もっと周りの世界を広くとらえ、「楽しいこと」や「嬉しいこと」に焦点を当てるようになれたのです。

人生はそんなに重いものではない……と。

5分で気持ちを切り替える「かんたん冥想法」

冥想で手に入るのは、「心の平安」であり、人生に幸福感を見出すには絶好の方法だと思います。

それは別に私が勝手に言っていることではなく、多くの成功者たちが、人生を成功に導く方法として「冥想」を取り入れています。

ですからぜひ、皆さんにもトライしてほしいのです。坐禅をする必要もないし、時間だって5分で構いません。

やり方はとても簡単です。

場所は自分がリラックスできるところなら、どこでもいいでしょう。私は家でも冥想をしますし、社長室のソファでも行ないます。

特別な姿勢をとる必要もありませんから、電車の中でつり革につかまっているときでさえ、慣れてくれば可能だと思います。

リラックスする場所に落ち着いたら、目をつぶってイメージをします。

私の場合、まずイメージするのは、光の柱のようなものです。

天から光の柱が自分のほうに降りてきて、頭の上から光が入ってくる。

その光が頭から体の中に入り、胸の辺りへ。それから足にまで下りていく。

そしてあなたの足の先からは、光に追い出された邪気のようなものが、煙のように出ていきます。

それからイメージの中で、足元に黄色い風船の玉のようなものを用意してください。足の先から出た邪気は、その玉の中に入っていきます。

最後に、邪気の入った玉は空のほうへ浮き上がっていき、光の柱の中へ吸い込まれていきます。そうしてあなたの魂は、完全に浄化されました。

あなたの中から放出され、天に吸収されるものは、悲しみや怒り、不安などのネガティブな感情と考えてもいいし、健康を害している〝毒気〟と考えても構いません。

逆に天から入ってくる光は、まさにあなたを元気にし、健康にしてくれるエネルギーのようなものです。

単なるイメージといえばその通りかもしれませんが、この冥想をすれば、心はスッキリするし、体も軽くなった気がします。おそらくは私たちの体の中にある、心や体の浄化作用が活発化するのでしょう。

一連の冥想を、私はだいたい20分から30分くらい行なっています。ただ、時間がないときは5分でも10分でも構いません。

たとえば会社でイライラしたときや、感情がコントロールできなくなったとき、トイレなど一人になれるところで、5分くらい冥想して、その感情を追い出すことをイメージしてみる。

それだけでかなり心は落ち着くはずです。

時間は短くて構いませんから、できれば1日に4～5回は冥想をするといいでしょう。

イスラム教の礼拝も15分ほどが1日5回。こまめに習慣化することで、ストレスを消しています。

起きてからすぐと、寝る前、会社から帰ってきたときに、あとは通勤の電車の中……そんなふうに冥想をしてもいいのではないでしょうか。それ以外は、何か心をざわつかせることがあったとき、応急処置として実践すればいいのです。

ちなみ私が冥想を始めてからは、「最近、馬さんがますますキレイになった」と若い女性に言われるようになりました。

ですから冥想は、とくに女性にはお勧めですよ。

僧侶たちの生活から学んだこと

紹介した冥想法の密教は、日本でいうと弘法大師（空海）と同じ仏教です。密教が教えている方法を、私なりにアレンジしたものです。本来はもう少し深い冥想をするのですが、忙しい私には難しいところもあるため、自分に合うやり方にしています。

とはいえ、私もきちんと密教の考え方をマスターしようと思い、わざわざ中国の寺院まで学びに行ったのです。

彼らは中国の山奥に、出家者からなるコミュニティをつくり、質素な生活をしています。そこを訪ねた経験も、「幸せ」について考えるいい機会になりました。

お坊さんたちは、中国の山奥にある、出家者たちの学校の中で修行していま す。

その生活は、ほとんど文明社会とは切り離されたようなもの。小さな小屋のような家にはほとんど家具もなく、やかん1つ、ベッドが1つ、茶器が1つ、といった具合。テレビのような家電はなく、最低限の生活必需品に、ただ観音さまの像などが置いてあるだけです。

着ている服はみんな僧侶の服で、贅沢なものは何もなく、木の棒で火を熾《おこ》し、料理はほとんど牛乳を使ったチーズのようなもの。正午からは食事をとりません。1日に朝とお昼だけの2食です。

そんな環境で、彼らは昼間から読経し、修行の毎日を過ごしています。傍目には、これほど過酷な人生はないように見えます。

なのに彼らは、とても楽しそうに生きているのです。

私たちを最高の笑顔で迎え、その表情はイキイキしています。毎日を心から充実させ、日々の生活に満足しているようでした。

彼らの様子を見ると、私の人生はいままで何だったのかなと感じました。いったい、何を不満に思っているのか？

確かに人生には悲しいこともある。でも、私たちはこの世に生まれ、結局はただ、自分がやるべきことをやっていくしかない。与えられた境遇の中に幸せを感じながら、自分の人生をまっとうしていけばいいのではないか？

人生に迷っていたこともあり、私はこのころ部下たちに仕事を任せ、3か月くらい休んでいました。でも、新たな気持ちで東京に戻って仕事を再開することにしました。

復帰後の最初の仕事は、日本経済新聞電子版の「ビジネスリーダー」での連載コラムの執筆でした。なんと中国生まれの私が、日本の女性ビジネスリーダーの執筆者として選ばれて、6社の男性ビジネスリーダーと並んで世の中に発信したのです。ちなみに男性ビジネスリーダーの代表は伊藤忠、ユニ・チャーム、オリックス、星野リゾートなどです。そうそうたるメンバーですよね。
しかも、この2年間のコラムは大人気の連載になったのでした。

連載を読んでくれた経営者の皆様からの感動の声に、私の心が幸せに充ち溢れました。自分が社会の役に立って日本と中国の架け橋になったという実感は、まさに自己実現からの幸せではないでしょうか。

それからは、いまの毎日の中に自分の価値を見出し、幸福を感じながら生活することができるようになったのです。

3　「宇宙とのつながり」を意識する

大地の上に裸足で立ってみよう

中国のお坊さんたちの生活というのは、考えてみれば、人間の本来的な生き方に一番近いのかもしれません。

それこそ電気などが発達していない時代は、みんな日が暮れたら早く寝て、鶏が鳴いたら起きるという生活を繰り返していたわけです。自然法則に逆らわず、私たちの体の中にある時計に従って生きてきました。

太陽にしろ、月にしろ、雨にしろ、雪にしろ、昔はもっと私たちの身近な存在だったわけです。ところが現代人の多くは、私たちが自然の法則とともにあることを忘れています。

大きな自然と一体であることを忘れるから、小さな日常の些細なことにとらわれてしまう。だからこそたまには自然と心を一体にして、私たちがその一部であることを思い出すようにしていくべきでしょう。

それだけで案外と、ネガティブな気持ちがどこかに行ってしまうことも多いのです。

たとえば私は、夫の故郷だった関係で、毎年のように長い間をスウェーデンの森で過ごします。

東京で雪が降ったりすると、子どもならともかく、働いている人は「また電車が止まるんじゃないか」なんて重い気持ちになるかもしれません。でも、森の中で降る雪を見れば、これはまったく違うのです。

目の前の世界が白く染め上がる風景は、もう圧巻でしかありません。雪に逆らって外に出る人もいないし、家にこもっているしかない。ただ心を無にして風景を見ていれば、その美しさに心が震えてきます。

もちろんスウェーデンでなく、北海道でも同じ感動は味わえるでしょう。また、そんなに遠くに行かなくても、東京の郊外に行けば、まだまだ美しい自然はたくさんあるはずです。

それに都内の公園だっていいのです。

たまに私は公園の芝生のあるところで裸足で立ち、そのまま目をつぶって、自分が自然と一体となっていることをイメージします。

ただそれだけで、心はものすごく癒やされ、日常の小さなことなど、どうでもよくなってしまいます。

そのときはスマートフォンの電源なんて切り、日常のことは忘れ、大きな字宙と、そこにいる自分だけを感じる。やってみればわかりますが、本当に幸せな気持ちになるものです。

もちろん、そうはいっても、私たちは再び日常に戻らなくてはいけません。当然、日常にはストレスもあれば、思うようにいかない歯痒さもあります。いつまでも幸福感で満ちている状態ではいられないかもしれません。

だからこそ、何度も何度も自分を癒やすのです。

大切なのは、常に自分に戻る場所があり、宇宙を感じている瞬間こそが本来の自分なのだと感じながら、日常の問題に対処していくことではないでしょうか。

幸せになる「食事のとり方」

「自然の法則に従って生きる」ということは、決して無理をすることではなく、むしろ私は**「心や体が望むこと」に対して素直になることだと思います。**

確かに自然に従って生きているお坊さんたちを見れば、その生活はストイックかもしれません。1日に2食くらいで、間食もしなければ、ほとんど肉も食べず、欲望とは無縁の状態で毎日を暮らしています。

でも彼らがそうできるのは、俗世間と離れた生活に慣れているから。毎日のようにいろんなストレスとぶつかる私たちが、同じように生活しようと思っても無理が生じるだけです。

無理をすればするほど、やはり幸福感や充実感は遠ざかってしまうように思います。

私がそう言うのも、かつてプチ断食をしたり、野菜のみの食事に切り替えたりということを試してみたことがあるからです。そのほうが健康的だし、自然な状態に近いと信じていました。

確かに「お腹が空く」というのは、実際に体が栄養を必要としているのではなく、むしろストレスで脳が糖分を欲しがっているだけのことも多いのです。したがって「腹八分」と日本でよく言うように、お腹がグーとなるような空腹状態になるまで食事をしないことは必要でしょう。

けれども、お腹が空いたときにこれを我慢するのは、やはり自然ではないと思います。むしろ限界まで空腹感を味わい、体が欲しているときに食事をすれば、食欲を満たしたことによる幸福感をしっかり味わうことができるでしょう。

つまり「食べる量を減らす」とか、1日2食にするとか、おやつを禁じるということが重要なのでなく、体が欲しているときに必要なものを補ってあげるのが重要なのです。

それが「自然」ということなのだと思います。

自然ということであれば、人間というのは元来が雑食で、原始時代から狩りをして肉を食べていた動物です。草食動物の牛などと比べれば、胃の数も腸の長さも違うのですから、野菜と肉は全部対応できるのです。

もちろん肉にも食べ方があり、私はできるだけ豚肉を避けるようにしています。鶏肉とか羊の肉であれば、カロリーも少なくて体にかける負担も少なくて済むでしょう。

そのほか私が学んだ知識で、食べると体にいいのは、ニンニクやニラ、香辛料のナツメ。あとは白菜と、日本の豆腐は体にいい食品ですから積極的に食べるようにしています。

ただ、「それを食べなきゃいけない」とか、「こういうものを食べちゃいけない」と、我慢をするのはやはり自然に反しているのです。

幸せになるためには、決して我慢をしてはいけません。

本書を読んでいる皆さんには、何より「我慢する生き方」からは脱却してほしいのです。

「我慢」だけは絶対にしてはいけません

かつて中国の人民日報の海外版に、長寿の人の食生活を特集したものがありました。それを見ると、長生きをする人が菜食主義とは限らないし、健康にいいものばかりを食べているとも限りません。

むしろ肉を食べる人が多いし、しかも甘いものですら、我慢せずに毎日のように食べている人も多かったのです。

一番驚いたのは、1日に1キロも白砂糖をそのまま食べるという人。

本当?……と、疑いたくもなるのですが、その人は100歳でも針に糸を通せるし、耳もまったく悪くなっていないようでした。

中国の話の信憑性はわかりませんが、同じような話は意外と多くあります。

100歳を超える長寿の人が、やたら甘党だったり、大酒飲みだったり。

長寿の人の食生活を見ると、まるで共通点がないように見えるのですが、ただ一つ言えるのは、「我慢をしない」ということ。

食事だけでなく、長生きする人の生活を見れば、一致しているのは、まったくストレスを抱え込まない生活をしていることなのです。のんびりした人生を楽しみ、外に出歩いてアクティブな日常を送り、たくさんの友人や家族に囲まれ、笑いの絶えない日々を送っています。

これは中国で出会ったお坊さんたちも同じでした。禁欲して抑えた食事をする日常といっても、彼らは自分が望んだ修行生活を楽しんでいますから、ほとんどストレスのようなものを感じていないのは同じです。

つまり、**健康でいるのも、幸せになるのも、ストレスを溜めないで生きることが一番のコツ。そのためには素直に、心が望んでいるものを選ぶのが理想的なのです。**

4　感謝の気持ちが幸福感を生む

「雨の日に幸せを感じられる」だけで人生が変わっていく

宇宙や自然に対して感謝する気持ちは、私たちを幸福にします。

それは当然のことで、たとえば朝、家を出たら、雨が降っていたとしましょう。

ここで「この雨の中、会社に出勤するのは嫌だな」とか「今日は最悪の日だな」と感じた人は、その日は一日嫌な思いで過ごすことになるかもしれません。

でも、同じ雨を見て、「久しぶりの雨だな」、「農家の人は喜んでいるだろうな」なんて思った人は、その日を最高の気分で過ごせるかもしれないのです。

どっちが幸せかは、すぐにわかることですね。

自然現象には、「いい」も「悪い」もありません。結局は人が、その状況をどう解釈するかだけ。

だとしたら、「晴れていたら、ありがとう」の人より、「晴れても、雨が降ってもありがとう」の人のほうが、一年でたくさんの「幸せな日」を味わえると思いませんか？

これが一生分だったら、どれほどの差になるか。雨だけでなく、暑い日も寒い日も、嵐のような日にだって感謝できる人であればどうなるか。

そう考えると、幸せな毎日を手に入れることなんて、本当は別に難しいことではないのです。

ただ、「雨の日に感謝する」というのは単なる解釈の問題で、別に幸せなことなんて何も起こらないじゃないか……と感じる人もいるかもしれません。

「幸せかどうか」というのは、結局のところ「感情」の問題です。何も変わらなくたって、毎日の生活に幸福感を得られるであれば、その人は「幸せ」であり、何かが起こるかどうかは別に関係もありません。

けれども現実に「いいこと」が起こってこないかといえば、まったくそうではありません。小さなことで幸福感を持てる人には、傍目にも「幸せなこと」が次々と連鎖して起こってきます。


これは第1章で、「笑顔」について述べたことに関連しているのです。

たとえば雨の日に感謝し、幸せな気分になっている人は、その雰囲気で周りの人も幸せにしていきます。近くの人は「声をかけたいな」と思うし、何かいい情報があれば「教えたいな」と思う。

とくに気がめいっているときであれば、誰しも癒やしを求めて、ひときわ明るく輝いている人には話しかけたくなるでしょう。

結果、ラッキーな機会に恵まれたり、ステキな出会いがあったりすることは、当然のように起こってきます。

逆に雨の日にふてくされて、ぶすっとしていたら、あなただってその人に話しかけたいとは思いませんよね。

ユウウツな気持ちが、なおさらユウウツになる。だから結局は、チャンスにも恵まれなくなってしまうのです。

母親へのわだかまりが、こんなふうにして消えた

感謝すべきなのは、もちろん自然現象だけではありません。

周りの人への感謝は、そのまま自分自身が幸せになるための近道になります。

実際、そのことは私自身が経験しました。

というのも、ここ数年の大きな変化として、母親に感謝ができるようになったことがあったのです。

おそらくそうでなければ、「強運」や「幸せ」をテーマにした本書を書くことはなかったでしょう。それまで私は自分を、「不幸な境遇を打開した人間」としか考えていなかったわけですから。

いまは自分を幸福な人間と信じ、だからこそ幸せになる方法を人に説くことができます。


いまでも忘れないのですが、その日はちょうど、東京に雪が降った日でした。私は目が覚めたときに雪を見て、なんだか心が明るくなった気がしたのです。するとどういうわけか、妹と話がしたくなりました。

そこで電話をかけ、しばらく妹と雑談をしたのです。すると会話の途中で、妹がこんなことを言ったのです。

「最近、お母さんは人が変わったように優しくなったのよ」

ああ、そうなんだ……。

そんなふうにして電話を終えたのですが、私は不思議な気持ちになりました。

私にとって母親は、ずっと〝怖い人〟でした。だから子どものころから「この家で私はどうなるんだろうか」という不安をもち、早く独立しようと猛烈に勉強をしました。

結果、高校、大学、そして日本へと、親から離れていくことになり、自分自身の人生を手に入れたのです。

その後、もちろん故郷に帰る機会はあり、母親と話をすることはありました。すでに日本に来て長くなっていますから、大切に扱われなかった恨みのようなものはなくなっています。でも、一貫して母親は、私にとって〝怖い人〟であり続けたのです。

冒頭では笑顔を褒められた話もしましたが、それでも印象は終始、変わりません。

ところが、そんな母親が、めっきり優しく変わったという……。

おそらくその理由には、父の死があったのでしょう。母も深い悲しみを背負い、昔のような強さを失ってしまったのかもしれません。

そこで私は、深く母親を愛おしく思ったのです。

考えてみると、母がいなければ、私は「家を出よう」と勉強をすることはなかったでしょう。日本に来ることもなかったし、素晴らしい人間関係をもつことも、夫や息子に出会うこともなかったでしょう。

そうすると、いま幸せなのは、母がいたから。その存在は私にとって、ありがたいものにほかなりません。

むろん、子どものころから「母親に優しくされたい」とか、「構ってもらいたい」という気持ちはもっていました。

それが得られないことで、「私はよその子と違って不幸だ」という自己否定につながっていたのです。「自分には欠けているものがある」と、どこか心の片隅で思ってしまう。

でも、母親に「ありがたい」と感謝できると、それも理解できるようになったのです。

母から愛をもらうのではなく、私が愛を与えればよかったんだな。

長年のわだかまりが、すっと消える気がしました。

ネガティブ感情が打ち消す「過去の感謝」

人は相手に対してネガティブな気持ちをもつと、どんなにポジティブなことがあっても、見えなくなってしまうことがあります。

じつは母親に感謝できるようになって、あらためて思い返したことがあります。

それは『逃げ切る力』にも書いたエピソードですが、高校の物理のテストで満点をとったときのことです。私は授業の内容をすべて記憶してテストに臨んだのですが、あろうことか先生は、私がカンニングをしたと決めつけたのです。

このときばかりは私もショックでしたが、この学校の先生はえこひいきもひどく、別の先生は女子生徒の成績をよくする代わりに、自分のズボンとか靴下を繕わせたりしていました。

私は母親に、泣いて懇願したのです。

「この学校を出ても、高校には入れないよ。生徒の才能を伸ばそうとしていないんだから！」

その当時、この中学校から高校に受かる生徒はいませんでした。

もともと、「どうせ女性には未来がないんだから」などと言っていた母親です。聞いてもらえず、「我慢しなさい」ということになるかと思えば、まったく違いました。

「わかった。転校しましょう」

そう言って、父を説得し、学校にも頼んで、私を別の学校に移してくれたのです。移った学校から、私は素晴らしい高校に入れたし、外国語大学に進むことにもなりました。

これは、厳しいことを言いながらも、母親はちゃんと私の将来を考えてくれていたということです。

農家にお嫁に行くだけの娘ならば、学校なんてどこだっていい。そうではなく、当時の中国の保守的な状況下にあっても、娘がより大きな世界へ出て行けるものなら、応援しよう……。

母は母なりに、私のことを認めてはくれていたのです。ただ残念ながら、そのことに気づいたのは、ずっとあとになってしまいました。

5　苦手な相手に「ありがとう」を言ってみる

相手が誰であっても「感謝すること」は難しくない

人間関係に悩んでいる人は、意外と私と同じ問題を抱えてしまっていることが多いのではないでしょうか？

たとえば、自分と考えが合わず、理不尽な命令ばかり言う、大嫌いな上司がいる。毎日その人と顔を合わせたくないし、「感謝すること」なんて、とてもできないように思える……。

でも、思い出してほしいのです。その上司が自分にしてくれたことで、たった一つでも感謝の気持ちが起こることはなかったでしょうか？

なんでもいいのです。「新人のころ、右も左もわからなかった自分に、仕事を一から教えてくれた」とか、「居残り残業をしてたいへんなときに、缶コーヒーを1本、差し入れてくれた」とか。

そうした経験を一つ思い出すだけで、その上司の存在が、自分にとってマイナスなことばかりではないことに気づくでしょう。

少なくとも感謝すべきことが一つある。そこのみに関して、明らかにあなたは、上司のお陰で幸福感を一つ、手に入れているのです。

「イヤな相手を好きになれ」と言われても、そんなことが簡単にできるわけがありません。私は別にその必要があると思わないし、逆に相手から好かれる必要だってないと思います。

でも、感謝の気持ちをもつことであれば、そうそう難しくはありません。

「相変わらず、こちらの話なんて聞いてくれないな。まあ、でも、いまのところ会社で仕事ができているのは、上司のお陰か」

「嫌なことばかり押しつけて……。それでも、自由にやらせてくれるだけ、よしとするか」

そんな〝取りあえずの感謝〟だって構わないと思うのです。

感謝することで何が変わるかといえば、上司の態度ではありません。**重要なのは、あなたの意識が変わることだと思います。**

不満とか、怒りの気持ちを抱えたままでいて、不幸になっていくのは結局、自分なのです。

「感謝できるぶん、自分はまだマシだな」

そう思えるようになれば、しめたもの。**心の余裕が生まれ、自分を大きな視点で俯瞰できるようになり、周りの声やチャンスを示してくれる情報もキャッ**

チしやすくなっていきます。

やがてあなたは、〝いま〟に文句を言う状態から、幸福を手に入れるための行動に踏み出していくことになるでしょう。

「その人に感謝できる未来」を想像してみる

人に対する恨みや憤りは、結局のところ、時間が解決してくれるようなところもあります。

たとえば会社にいて、とても厳しい先輩に手を焼いていたとしましょう。現状では相手の顔を見るたびに、ユウウツな思いしか湧き上がってこないでしょう。

けれども異動で部署が替わり、その先輩の顔を見ることがなくなった。あるいは転職をして、やがて先輩も「思い出の中の一人」になってしまった……。

すると逆に思うのです。

「ああ、いまの自分があるのは、あのとき厳しい先輩の元で耐えてきたことが大きかったんだなあ」なんて。

私もそんな経験は多くしました。

とくに母親に対しては複雑な思いもあったのですが、長く積もった雪もとうとう解ければ、感謝の気持ちが芽生えてくるわけです。


もちろん長い間トラウマを抱える人間関係もあれば、なかなか切っても切れない関係で続いてしまうこともあるかもしれません。

けれども現時点で考えるのならば、まずはそんなふうに「相手に感謝できるような未来」を想像してみてほしいのです。

上司を反面教師にして学び、自分がみんなから親しまれ、尊敬されるリーダーになっている未来とか。

人の悲しみがわかるようになり、優しくなれたお陰で、最高のパートナーを得ている未来とか。

苦手だった部下を扱った経験から学び、やがて世代を超えて、広い人間関係をもてている未来とか。

こうした想像ができれば、「いま、その人に巡り合った意味」というのが見えてくるでしょう。

「そうか、私は将来、こんな人になるために、いまこの人に出会って学んでいるんだな」

そう思えてしまえば、感謝の気持ちで現在を受け入れることもできますね。

じゃあ、現在は修行のタイミングなんだ。

ならば、面倒なことも感謝して受け取ってしまおう。その際は、すすんで嫌な人間関係にでも「ありがとうございます」と感謝してしまえばいいのではないでしょうか。

たとえば、いちいち上司からお説教をされた。ならば、「ご指摘ありがとうございます」と言ってしまう。

苦手なお客さんから、毎度クレームのようなメールがくる。それでも「メールありがとうございます」と言ってしまう。

知人のお小言にも、「話してくれてありがとう」と言ってしまう。

それだけで実際に人間関係が変わってくることがあります。でもそれ以上に、自分自身の気持ちが切り替わることが一番大きいのです。

何より人間関係だけで幸福感が失われるのは、非常にもったいないと私は思います。

6　自分自身にも「ありがとう」……「幸せノート」をつくろう

自分に感謝できないから、人生がつまらない

「感謝」ということに関して、私の会社は、こんな「社訓」を掲げています。

1. 任せていただいているお客様に感謝
2. 「東京エレベーター」に感謝
3. 一緒に仕事をしている仲間に感謝

4．一生懸命頑張っている自分に感謝
5．私たちは「信用、安全、安心」を提供する会社です

お客様に感謝し、会社に感謝し、社員全員に感謝する……そこまでは世の中の会社でも、よく言われていることでしょう。

けれども、「自分自身に感謝する」というのは、あまり仕事でも推奨されることがありません。とくに古い日本の会社では、「滅私奉公」という言葉があったように、自分を捨ててでも仕事に尽くすことが手本とされてきました。

でも、お客様や仲間たちや会社に対する感謝を考える前に、自分自身のことをもっと愛してあげてほしいのです。

そうでないと、私たちは他人をちゃんと愛することができないし、会社や自分の周りの環境を愛することだってできません。

そもそも「不幸」を感じる理由は、どこにあるのでしょうか？

だいたい、人というのは、「自分にないもの」を欲しがるものです。

収入が少ないと感じる人は、より多くの収入を欲しがる。仕事を面白くないと感じる人は、より楽しそうに見える仕事に憧れを抱く。他人から愛されていないと思う人は、より多くの愛情を欲しがります。

そして、それが手に入らないと不幸を感じるようになるのですが、何をもって「手に入った」と満足感を得るかには基準がありません。

すべて自分の、「いま」を認められるかだけの問題なのです。

つまり、不幸を感じる理由は、自分をいつまでも認められないことにあるのです。

いつまでも認められないから、いつまでも欲しがり、満足のできない私利私欲に突っ走る。毎日は幸福でないし、運はつかめないし、奇跡のような出来事は、たとえ起こっても実感できません。

だからまず自分を認めるために、誰かに感謝する前に「自分自身」に感謝してほしいのです。

何かを手に入れたり、理想を実現した自分に感謝したりするのではありません。**いまのままの「自分」という存在に対して、感謝をするのです。**

それは難しいことでしょうか？

自分に「ありがとう」と言ってあげたいことを見つけていこう

あなたは、もし「自分」という存在がなくなったらどうなるか、考えたことがあるでしょうか。

いま嫌なことがあったり、辛いことがあったりして、感じている不満や悲しみは確かに消えるかもしれません。

でも、過去に自分が感じてきたことや、「こうだったら幸せだなあ」という願いも、すべて消えてしまうのです。

それってとても、怖いことだと思いませんか？

嫌なことや悲しいことがあるのは、裏を返せば、実現していない「楽しいこと」や「嬉しいこと」を想像できるからです。そんな想像ができる幸福さえ失われるとしたら、それ以上に不幸なことはないように感じます。

不幸を感じられるのも、一つの幸福。

いま生きているからこそ得られる、一つの機会なのです。

けれどもその機会も、私たちが5分も息を止めたら失われてしまう、非常にもろいものです。

しかも、あなたの両親が巡り合い、さらにそれぞれの祖先の人々の奇跡的な出会いがなかったら、「あなた」という存在もありませんでした。

つまりは奇跡的な人の出会いがあり、恵まれた健康があって、はじめて私たちはそこにいる、まさに「有り難い存在」にほかならないわけです。**生まれたときから価値のない人はいないし、感謝すべき要素を何ももっていない人なんていない。そのことをまずは理解するべきだと思います。**

その意味では、「いまここで呼吸をし、本を読んでいる」ということ自体が、ものすごく有り難いことで、自分に感謝しなければいけない奇跡です。

そんな「自分に〝ありがとう〟と言ってあげたいこと」を、もっと毎日の生活で探していきましょう。

何でもいいのです。ノートを1冊用意して、「自分」が存在したから味わえた嬉しいことを、毎日書いていきます。

「頑張って1冊の本を読んだ」でもいいし、「ランチに美味しいラーメンを食べた」でもいい。「ステキな男性を町で見かけた」だって構わないのです。

もちろん「お給料が上がった」とか、「成績がよくなった」とか、「お友だちができた」なんていう嬉しいことがあれば、どんどん書いていくべきです。

こうしてできる「幸福ノート」は、いかに自分が価値のある存在で、ステキな機会に恵まれているかを証明するものになります。

ノートを埋めていくうちに、自分がいまここにいることに感謝し、人生でもっとステキなことが起こるのを確信していくようになるでしょう。

人間はとかく、悪いことだけを記憶しがちなのです。だから後悔し、反省し、自己否定を繰り返してしまいます。

そうでなく、もっと「いいこと」に焦点を当ててください。

あなたは間違いなく愛すべき存在であり、あなた自身があなたを愛してあげてほしいのです。

たくさんの趣味を持とう

受け身になって、自分に起こる「いいこと」を発見するだけでなく、自分のほうから「いいこと」をつくっていくのも大切なことです。

それは簡単で、とにかく「趣味」を増やすこと。

読書とか、映画とか、「趣味は何ですか?」と聞かれて答えるようなものは、誰にでもあるでしょう。スポーツをしている人もいるかもしれません。

でも、それではまったく足りない!

とにかく「面白そうなこと」があったら、何でも飛びついてみればいいのです。「今日はあれが楽しかった」「今度はあれをしよう」と、いくらでもノートに書き込めるくらいのほうが、人生は楽しいではありませんか。

私もいままで、いろんなことをしました。

コンサートに行くのも好きだし、絵を見るのも好きだし、本を読むのも好き。でも、もっと新しい経験をしたいと思って、盆栽をしたり、ダンスをしたり、キャンプをしたり、サイクリングをしたり……。

最近ではピアノを習い始めましたし、接待のゴルフはやめたのですが、仲間と楽しむだけのゴルフは再開しました。なぜか接待ゴルフをしていたときより、スコアもよくなっています。

中には手をつけたものの、「これは違うな」と、すぐやめてしまった趣味もあります。でも、それでもまったく構わないと思うのです。

世の中には自分の知らない、たくさんの「楽しいこと」があります。どうせ限りのある人生なのですから、できるだけたくさんのことを体験できたほうが、トクに決まっています。

もっと人生を楽しむようにしましょう。そして楽しめる自分に感謝しましょう。

7 「天人合一《てんじんごういつ》」が幸せのヒント

その環境から、一度離れて考えてみよう

前項でも述べた幸せになるための趣味として、私が一番おススメしたいのは、なんといっても「旅行」です。

旅行は自分に喜びを与えるだけでなく、思考をリフレッシュさせて、運を呼ぶメッセージや情報にも気づきやすくさせます。

逆にいうと、同じ環境に居続けることで鈍くなった感性を、旅行はもう一度リセットさせるような効果があるのではないかと思います。

実際、「最近、いいことがないなあ」なんて心がくすぶっている方には、しばらく遠いところに出かけていない人が多いのではないでしょうか？

毎日、同じ部屋で朝を迎え、毎日、会社で同じ人と顔を合わせる。新しく入ってくる情報は、テレビだったり、ネットだったりを通したバーチャルなものばかり……そんな状況では思考もマンネリ化し、「面白いことなんて起こるわけがないな」とネガティブなスパイラルに陥るのも当然だと思います。

そんなときこそ、「いつもの環境から離れてみる」といいのです。

それは、環境を離れること自体を楽しむためだけでなく、日常で自分が過ごしている環境への感謝を呼び戻すためにも重要なことでしょう。

別に「旅行」といっても、香港に行ったり、ハワイに行ったりする必要はありません。都会から電車に乗って、2時間とか3時間で行ける場所で十分だと思います。

いままで行ったことない土地に行けば、当たり前ですが、自分が知らなかった風景が見えてきます。そこで現地の人と話すことで、ふだん慣れ親しんでいる人とはまったく違う思考を学ぶことだってできるでしょう。

旅行はできれば一人で行くのがいい。それもあっちこっちで写真を撮ってインスタグラムにアップするのでなく、その場の雰囲気を自分の肌で味わうことが大切だと思います。


旅行したことの価値は、その場で体感する楽しさよりも、戻ったあとの自分の変化にあります。

私は弁護士の仕事であっちこっちに移動することが多かったものですから、その効果はよく認識してきました。

たとえば行ったこともない中国の町で、交渉に携わる。現地の人と話をし、ホテルに泊まり、お食事をいただく。

それはそれで楽しいのですが、東京に帰れば、いつもの生活の価値を再認識することが多くあります。

慣れ親しんだ場所の快適さを思い出し、ふだん食べているものの美味しさを思い出し、以心伝心で話が通じる日常の人間関係のありがたみを知る。旅ができたことに幸せを感じ、日常にも幸せを感じる。それがとても重要なことなのです。

そんなリフレッシュ体験をすると、日常の仕事で再発見をしたり、新しいアイデアが閃くことが多々あります。

同じ環境にいると、当たり前のことを当たり前にしか見ないから、人はその価値に気づけません。

環境を変え、視点を変えることで、はじめて見えるものが、私たちの周りには多いのです。「幸せ」というものも、そういうものではないかと私は思います。

離れてみてはじめて、「自分が幸せである」ということに、人は気づけるのです。

誰でもが幸せを感じられる「天人合一」の発想

私が大切にしている言葉に、「天人合一」というものがあります。

もとは『孟子』など、中国の古典から生まれたもので、天は宇宙であり、自然や周りの環境すべて。人は自分。

その二つを一緒にすることが、幸福への道であるという思想になります。

幸せというものは、いろんな形があります。

10代のころには10代の幸せがあったし、30代には30代の、50代には50代の、80代には80代の幸せがある。

東京には東京の幸せがあり。大連には大連の幸せがあり、旅でハワイに行けば、その幸せがある。すべて自分に与えられる幸せの形には意味があり、それを実感することで、私たちは究極の幸せに行き着くような気がします。

でも人は、「もっといい場所に行けたならなあ」とか、「若いころはよかった」と、現在の幸せを否定してしまう。それを続ける限り、どこへ行っても、何歳になっても、私たちは幸せになることができません。

中国古典の教えに従えば、**大切なのは「心の調和」を得ること。**

心の調和と愛があれば、人と天は合一になり、究極の幸せにたどり着く。そこまでは、人の幸せは死ぬまで止まらず、魂の成長は進む……。そんな教えです。

環境を変えるのは、まさにそんな「心の調和」を得るため。

自分が住んでいる場所や、属している組織には、それはそれで与えられている意味がある。ただ、ずっとその環境にいるとありがたみがわからないから、一度離れて見直してみる。

そうすることで、「ありがたさ」が見えてくることもあります。


私もかつては、生まれた中国の古くさい環境を呪っていました。肉親でありながら、親に対して否定的な感情をもっていました。

でも、こうして離れた日本で暮らし、さまざまな紆余曲折を経てきたから、日本と同じく中国にも感謝することができます。

母親にもようやくですが、感謝の気持ちをもって接することができるようになりました。

だから現在は、すすんで日本と中国の懸け橋になろうとしているのですが、これも心の平安を得たからこそ、気づいた自分の役割なのだと思います。

焦ることはありません。日常の問題に心を惑わせながらも、つねに広い視点で、過去の自分や未来の自分と照らし合わせながら、「宇宙とともにある自分」

を意識してほしい。

そうやって「天人合一」の視点に立てば、どんなことがあっても人は「自分が幸福であること」を確認できるのです。

ただ「心が喜ぶこと」を選びましょう

ただし「天人合一」とは、「いまいる環境に我慢しろ」ということではありません。自分が望むところ、自分が望む環境を、すすんで得るようにするのも、また大切なことです。

私たちの周りにある大きな宇宙のほかに、私たちの中にもまた「小宇宙」のようなものがあります。

たとえば、「この場所が嫌だ」とか、「この環境が嫌だ」と思うならば、そもそも「天人」が一致していない可能性もあるでしょう。

ただ、それならばどんなところに行けばいいのか、どんな環境が自分に相応しいのかを私たちは繰り返し考えていく必要があります。

起きたことには意味があるから、それをふまえて、私たちは感謝をする。

そのうえで、自分はそれをよしとしないから、「では、どうしようか」と行動を選択していく。

そうして、そのときそのときの「天人合一」を実現していくのが、やはり一番幸せな生き方なのです。**大切なのは「天」に合わせることでなく、自分のほうの小宇宙、つまり「人」のほうを優先させることです。**

「人」を優先させるのは、決して難しいことではありません。ただ、「心が喜ぶこと」を選ぶようにしていくだけ。

たとえば私の場合、いまの会社や社長室を兼ねた自分のオフィスは、まさに「天人合一」が実現している場所。ですからここにいれば、たいていは心が落ち着きます。

でも、訪れる人によっては、やはり心が乱されるのです。それによって幸福感がねじれ、ストレスが生じることもあります。

とくに2015年から2017年の2年間の、私が日本経済新聞の「ビジネスリーダー」の執筆者として選ばれて連載したコラムが大人気になった時期、いろんな人が私の仕事場を訪ねてきました。「皆さんに会わなきゃ」と思ったものですから、次々と私はアポを受けていたのですが、中には波動が合わず、心も体も疲れてしまった相手もいました。

だからフェイスブックやライン上ではコミュニケーションをとりますが、申し訳ないと思いながらも、自分とリアルで会う人は極力、波動の合う人に制限したのです。

その結果、やっと私も心の平安を取り戻しました。

そんなふうに、あなたも「自分が嬉しいこと」を優先させればいいのです。

決して自分が苦しい場所にいる必要はありません。

いまそれができなくても、冷静な立場で、可能にする方法を探っていく。

ネガティブな感情にとらわれず、あらゆる境遇や出会いに感謝し、そのうえで自分がどうしていきたいかを追求していけば、必ず幸せを大きくしていく方法は見つかるでしょう。

決して感情にとらわれず、ただ周りの宇宙を感じ、心の声や周囲からのメッセージに耳を研ぎすませましょう。

自分が世のため、人のために何かお役に立てればと思うときの選択は、後に幸せを運んでくれることになります、世の中が私利私欲で充満している時期だからこそ、人に善を行なうことによっての結果は徳を積むことになります。

あなたは奇跡が起こせるし、運だって十分につかめるのです。私はこの本を通して、これからはより多くの幸せを、あなたが感じられるようになることを望んでいます。

あとがき

中国大連生まれの女の子が男尊女卑の両親に育てられながら当時の難関といわれた大連外国語大学に入学し、奇跡的に来日を果たしました。

弁護士になるために早稲田大学で法律を勉強しましたが、就職氷河期に遭い、就職せず大学院に進み、後に中国の弁護士の夢が叶いました。

その後、運命の導きに従い、東京エレベーター株式会社を立ち上げて、マスコミで取り上げられたこともあり、独占的なエレベーター業界の規制緩和のきっかけになりました。

エレベーター保守のビジネスを20年以上経営しているうちに思いもかけない時に日経新聞電子版「ビジネスリーダー」にて唯一の女性ビジネスリーダーと

して執筆者の一人に選ばれて、二年間、女性の立場からビジネスのあり方や考え方などを経営者ブログに書きました。ありがたいことにカテゴリーアクセス数では1位になり、たくさんのファンを得られました。そして、日経新聞出版社から、『おしん』のような私のストーリーをまとめた『逃げ切る力』を世に出しました。たくさんの読者からは、まさに奇跡、強運、幸せな人だとたびたび言われて、ぜひともそのヒントを知りたいとの要望が多くありました。私はたくさんの方の質問に答えるために、このたび『奇跡 強運 幸せのヒント』を書くことにしました。

書きながらいろいろなことを整理していると、たくさんのことが見えてきました。それは不思議な体験を経て、小さい時から、人のお役に立ちたいと考え、人に感謝する気持ちで行動していること、一生懸命に生きるために目標を決めて強い意志を持って実現させていること、泣きながらも勇気をもって自信のない中で悔いのないように様々なチャレンジをしたこと、時代と共にいくつか重要な選択をしてきたことなどです。

一生懸命に生きようとして、人に善を行ない、自分の生まれてきた役割を果たそうとする時に、天からいろいろな助けが入るし、時と場所と人を導いてくれるのではないでしょうか！

私は本書を通して、たくさんの読者が私のように奇跡を起こし、自分の運をつかんで、幸せに満ち溢れるような人生を生きてほしいと願っております。

人はいろいろなことを通して魂の成長を遂げようとしています。この道のりは果てしないです。本書を書いた私も毎日皆様と一緒に人生の探求をしていきます。偶然はなくすべて必然です。この本に出合ったこと自体が奇跡ではないでしょうか！

最後にこの本の出版にあたり、甚大なご支援をいただいた文芸社オーナーの瓜谷綱延さん、編集長の若林孝文さん、編集に携わった夏川賀央さん、いつも温かく励ましてくださる藤井惇子さん、私の母親、他界した父親に感謝しています。そして私と縁のあるたくさんの方々に感謝の気持ちでいっぱいです。

特に表紙を描いてくださった日本一の天井画絵師ともいわれている斎灯サトルさんが、お忙しい中、出会ったばかりの私の願いを叶えてくださって、ホテルの中でテーブル越しの私を見ながら小さい仙女を描き出したことに、私は感激とともに、この出会いこそ奇跡ではないかと思っています。まさに奇跡が奇跡を呼んでいるような気がします。

本書をご覧いただき、私へ感想文を送りたい方はeikaclub@gmail.com へ、私のワークショップなどに興味のある方はＬＩＮＥ（ライン）アカウントへご連絡ください。

２０１９年８月

馬　英華

著者プロフィール
馬　英華（ま　えいか）
東京エレベーター株式会社代表取締役、中国弁護士。
中国ビジネス研究所所長、一般社団法人新生アジア代表理事長。

中国大連市出身。1985年大連外国語大学日本語科入学。大学４年生の時に来日、1990年早稲田大学法学部に入学。修士を経て99年同大学院法学研究科博士後期課程修了。
1996年に上海で中国弁護士資格を取得後、97年に日本で東京エレベーターを設立。2004年に同社代表取締役に就任。日中ビジネスを熟知する中国弁護士として多くの日本企業の顧問を務める。同時に数多くの講演・執筆活動を行なっている。

著書に『最新中国ビジネス　果実と毒』（光文社、2003）『目標は夢を叶える近道』（ビジネス教育出版社、2006）『中国人弁護士・馬さんの交渉術』（PHP 研究所、2009）『逃げ切る力　逆境を生かす考え方』（日本経済新聞出版社、2017）がある。

イラスト：斎灯サトル

奇跡 強運 幸せのヒント

2019年10月15日　初版第１刷発行

著　者　馬 英華
発行者　瓜谷 綱延
発行所　株式会社文芸社
〒160-0022　東京都新宿区新宿１－10－１
電話　03-5369-3060（代表）
03-5369-2299（販売）

印刷所　図書印刷株式会社

ISBN978-4-286-21018-6